複合母音										
ㅐ [æ]	ㅒ [yæ]	ㅔ [e]	ㅖ [ye]	ㅘ [wa]	ㅙ [wæ]		ㅝ [wə]	ㅞ [we]	ㅟ [wi]	ㅢ [iy]
개	걔	게	계	과	괘	괴	궈	궤	귀	긔
내	냬	네	녜	놔	놰	뇌	눠	눼	뉘	늬
대	댸	데	뎨	돠	돼	되	둬	뒈	뒤	듸
래	럐	레	례	롸	뢔	뢰	뤄	뤠	뤼	릐
매	먜	메	몌	뫄	뫠	뫼	뭐	뭬	뮈	믜
배	뱨	베	볘	봐	봬	뵈	붜	붸	뷔	븨
새	섀	세	셰	쇠	쇄	쇠	숴	쉐	쉬	싀
애	얘	에	예	와	왜	외	워	웨	위	의
재	쟤	제	졔	좌	좨	죄	줘	줴	쥐	즤
해	햬	혜	혜	화	홰	회	훠	훼	휘	희
채	챼	체	쳬	촤	쵀	최	춰	췌	취	츼
캐	컈	케	켸	콰	쾌	킈	쿼	퀘	퀴	킈
태	턔	테	톄	톼	퇘	퇴	퉈	퉤	튀	틔
패	퍠	페	폐	퐈	퐤	푀	풔	풰	퓌	픠
깨	꺠	께	꼐	꽈	꽤	꾀	꿔	꿰	뀌	끠
때	떄	떼	뗴	똬	뙈	뙤	뚸	뛔	뛰	띄
빼	뺴	뻬	뼤	뽜	뽸	뾔	뿨	뿰	쀠	쁴
쌔	썌	쎄	쎼	쏴	쐐	쐬	쒀	쒜	쒸	씌
째	쨰	쩨	쪠	쫘	쫴	쬐	쭤	쮀	쮜	찍

パルン 韓国語

바른 初 級 빠른

正しい韓国語を速く身につける

朝日出版社

────── 音声サイトURL ──────
http://text.asahipress.com/free/korean/
parun/index.html

韓国語学習者（教師）の皆さん！

学習項目にない（習ってもいない）表現が出てくると困る！

韓国語学習の土台となる基本がしっかりと学べる教材がほしい！

韓国語と日本語、似ているからこそよく間違えるところをおさえておきたい！

と思っていませんか。

『パルン韓国語 初級』は、皆さんの要望に応えるために作られた教材です。書名の「パルン」は「바른（正しい）」と「빠른（速い）」の2つの意味があり、「正しい韓国語を速く身につけてほしい」という願いを込めてつけました。

◎ この教材の特徴

① 学習目標を中心とした文法や表現を徹底的に解説しています。

② 初めて韓国語を学ぶ学習者のために、単文中心の表現を使って文法を説明しています。

③ 日本人学習者に多くみられる誤用を紹介しています。

④ 90分の授業を週1回、1年間受講して無理なく終えるように構成しています。

◎ この教材の構成

① 各課は［本文］［表現］［練習］のパートに構成されており、［練習］は、さらに「表現練習」と「会話練習」の2つに分かれています。「表現練習」では、［表現］で学んだ文法事項の確実な定着を図る問題を多く用意しました。「会話練習」では、ロールプレー形式を通じて多様な練習ができるように工夫しました。

② 「第1課～第8課」では、主に以下のような基本的な表現や文法について学びます。

・ 比較的簡単な活用形の丁寧表現

・ 「～は」「～が」「～を」などに該当する韓国語の基本助詞

・ 用言（動詞・形容詞）の基本的な構造の理解と活用

・ 数字、位置関係など

③ 「第9課～第20課」では、第8課までに学習した基本知識をもとに、日常生活でより多く使われる以下のような表現について学びます。

・ 日常会話でよく使われる、うちとけた印象を与える丁寧表現

・ 短縮語、助詞の省略形

・ 用言の多様な活用（過去形、尊敬形、尊敬の過去形…）

④ 番外編として잠깐만と잔소리、コラム・カルチャーショックを設けました。잠깐만（「ちょっと待って！」という意味）では、事前に学習（理解）しておく必要のある文法事項を紹介しています。잔소리（「小言」という意味）では、学習項目に関する、より詳しい説明を提供するコーナーです。コラム・カルチャーショックは、コラムの筆者が韓国留学中に体験した「日韓文化の違い」を紹介するコーナーです。韓国語の学習とともに韓国の社会と文化に対する理解を深める題材として活用していただければ幸いです。

著者

目 次

付録

Part I

韓国語の文字と発音

韓国語の基本を学ぼう！

1　韓国語とハングルは、どう違いますか。

　韓国語：韓国で使われている言語そのものの名称

　ハングル：韓国語の文字の名称

2　ハングルはいつ、誰が、なぜ創ったのですか。

　いつ：朝鮮王朝1443年に完成し、1446年に『訓民正音』の名で公布された。

　誰が：4代目朝鮮の国王世宗の指示を受け集賢殿という研究機関の学者たちが作った。

　　　　因みに世宗は韓国の紙幣、1万ウォン札に描かれている人物でもある。

　なぜ：中国の漢字が庶民にとっては難しかったため、庶民でも気軽に学習できるようにするため。

韓国の一万ウォン札

3　ハングルの仕組みはどのように構成されていますか。

　子音と母音との組み合わせによって構成され、文字の最後が子音（パッチム）で終わることも多い。

- 子音＋母音：가, 보
- 子音＋母音＋子音：감, 봄
- 子音＋母音＋子音＋子音：값

4　母音と子音はそれぞれ何個ありますか。

母音	基本	ㅏ ㅑ ㅓ ㅕ ㅗ ㅛ ㅜ ㅠ ㅡ ㅣ（10個）
	複合	ㅐ ㅒ ㅔ ㅖ ㅘ ㅙ ㅚ ㅝ ㅞ ㅟ ㅢ（11個）
子音	平音	ㄱ ㄴ ㄷ ㄹ ㅁ ㅂ ㅅ ㅇ ㅈ ㅎ（10個）
	激音	ㅊ ㅋ ㅌ ㅍ　（4個）
	濃音	ㄲ ㄸ ㅃ ㅆ ㅉ　（5個）

基本母音

ここでは、基本的な母音について学んでみましょう。

ㅏ	[a]	「ア」に近い発音である。 単独では「아」と書く。
ㅑ	[ya]	「ヤ」に近い発音である。 単独では「야」と書く。
ㅓ	[ə]	「ア」の構えをしたまま「オ」を発音する。 単独では「어」と書く。
ㅕ	[yə]	「ア」の構えをしたまま「ヨ」を発音する。 単独では「여」と書く。
ㅗ	[o]	「オ」に近い音だが、唇を丸めて前に突き出す。 単独では「오」と書く。
ㅛ	[yo]	「ヨ」に近い音だが、唇を丸めて前に突き出す。 単独では「요」と書く。
ㅜ	[u]	「ウ」に近い音だが、唇を丸めて前に突き出す。 単独では「우」と書く。
ㅠ	[yu]	「ユ」に近い音だが、唇を丸めて前に突き出す。 単独では「유」と書く。
ㅡ	[ɨ]	「イ」の構えをしたまま「ウ」を発音する。 単独では「으」と書く。
ㅣ	[i]	「イ」に近い発音である。 単独では「이」と書く。

※「ㅇ」は元々子音ですが、文字の頭では音価がありません。

ㅏ	아								
ㅑ	야								
ㅓ	어								
ㅕ	여								
ㅗ	오								
ㅛ	요								
ㅜ	우								
ㅠ	유								
ㅡ	으								
ㅣ	이								

練習2 次の単語を発音してみましょう。 1-4

아 ─── 야 ─── 어 ─── 여
오 ─── 요 ─── 우 ─── 유
아 ─── 어 ─── 오 ─── 우
야 ─── 여 ─── 요 ─── 유
으 ─── 이

이 (二、歯)　　　　오 (五)　　　　아이 (子ども)

우아 (優雅)　　　아우 (年下の兄弟)　　오이 (キュウリ)

우유 (牛乳)　　　여유 (余裕)　　　아야 (痛っ)

3

子音（平音）

ㄱ	[k/g]	語頭では[k]、語中は[g]と発音する。
ㄴ	[n]	[n]と同じである。
ㄷ	[t/d]	語頭では[t]、語中は[d]と発音する。
ㄹ	[r] [l]	日本語の「ラ行」音と近い発音である。
ㅁ	[m]	[m]と同じである。

1-5 **練習3** 発音をしながら、書いてみましょう。

	ㅏ	ㅑ	ㅓ	ㅕ	ㅋ	ㅗ	ㅛ	ㅜ	ㅠ	ㅡ	ㅣ
ㄱ											
ㄴ											
ㄷ											
ㄹ											
ㅁ											

1-6 **練習4** 次の単語を発音してみましょう。

ㄱ	가구 (家具)	고교 (高校)	고기 (肉)
ㄴ	누나 (姉)	누구 (誰)	어느 (どの)
ㄷ	더 (もっと)	도구 (道具)	구두 (靴)
ㄹ	라디오 (ラジオ)	다리 (足)	기르다 (育てる)
ㅁ	어머니 (母)	무리 (無理)	모기 (蚊)

ㅂ	[p/b]	語頭では[p]、語中では[b]と発音する。
ㅅ	[s]	[s]と同じである。
ㅇ	[–/ŋ]	文字の頭では音価はない。ただし、文字の最後に位置するときは音価があり、それは後で学習する。
ㅈ	[ts/dz]	語頭では[ts]、語中は[dz]と発音する。
ㅎ	[h]	[h]と同じである。

練習5 発音をしながら、書いてみましょう。 (1-7)

	ㅏ	ㅑ	ㅓ	ㅕ	ㅗ	ㅛ	ㅜ	ㅠ	ㅡ	ㅣ
ㅂ										
ㅅ										
ㅈ										
ㅎ										

練習6 次の単語を発音してみましょう。 (1-8)

ㅂ	비 (雨)	바보 (馬鹿)	보다 (見る)
ㅅ	소 (牛)	사다 (買う)	서로 (互い)
ㅈ	자기 (自己)	저기 (あそこ)	조미료 (調味料)
ㅎ	허리 (腰)	흐리다 (曇る)	오후 (午後)

子音（激音）

ㅊ	[tsʰ]	強く息を吹きながら、[ts]を発音する。
ㅋ	[kʰ]	強く息を吹きながら、[k]を発音する。
ㅌ	[tʰ]	強く息を吹きながら、[t]を発音する。
ㅍ	[pʰ]	強く息を吹きながら、[p]を発音する。

1-9 練習7 発音をしながら、書いてみましょう。

	ㅏ	ㅑ	ㅓ	ㅕ	ㅗ	ㅛ	ㅜ	ㅠ	ㅡ	ㅣ
ㅊ										
ㅋ										
ㅌ										
ㅍ										

1-10 練習8 次の単語を発音してみましょう。

ㅊ	차 (車)	처리 (処理)	치마 (スカート)
ㅋ	키 (身長)	도쿄 (東京)	크다 (大きい)
ㅌ	노트 (ノート)	토지 (土地)	타다 (乗る)
ㅍ	파 (ねぎ)	커피 (コーヒー)	포도 (葡萄)

複合母音

ㅐ	[æ]	「ㅏ」と「ㅣ」が合体したもので「エ」に近い。 単独では「애」と書く。
ㅒ	[yæ]	「ㅑ」と「ㅣ」が合体したもので「イェ」に近い。 単独では「얘」と書く。
ㅔ	[e]	「ㅓ」と「ㅣ」が合体したもので「エ」に近い。 単独では「에」と書く。
ㅖ	[ye]	「ㅕ」と「ㅣ」が合体したもので「イェ」に近い。 単独では「예」と書く。

※ 発音記号からもわかるように、厳密に言えば、「ㅐ」「ㅔ」と「ㅒ」「ㅖ」はかつてそれぞれ異なる発音
として区別していたが、現在はあまり区別せず、発音している。

※ 「ㅒ」と「ㅖ」が子音と組み合わさる場合は[e]となる。

練習9 発音をしながら、書いてみましょう。 1-11

	ㄱ	ㄴ	ㄷ	ㄹ	ㅁ	ㅂ	ㅅ	ㅇ	ㅈ	ㅊ	ㅋ	ㅌ	ㅍ	ㅎ
ㅐ								애						
ㅒ								얘						
ㅔ								에						
ㅖ								예						

練習10 次の単語を発音してみましょう。 1-12

ㅐ	새（鳥）	애기（赤ちゃん）	노래（歌）
ㅒ	얘기（話）		
ㅔ	네（はい）	가게（店）	메모（メモ）
ㅖ	예（はい）	시계（時計）	지혜（知恵）

과	[wa]	「ㅗ」と「ㅏ」を連続して早く発音する。 単独では「와」と書く。
괘	[wæ]	「ㅗ」と「ㅐ」を連続して早く発音する。 単独では「왜」と書く。
궈	[wə]	「ㅜ」と「ㅓ」を連続して早く発音する。 単独では「워」と書く。
괴	[we]	形としては「ㅗ」と「ㅣ」が組み合わさっているが、この二つを連続して発音するのではなく、「ㅙ」とほぼ同じ発音である。 単独では「외」と書く。

(1-13) 【練習11】 発音をしながら、書いてみましょう。

	ㄱ	ㄴ	ㄷ	ㄹ	ㅁ	ㅂ	ㅅ	ㅇ	ㅈ	ㅊ	ㅋ	ㅌ	ㅍ	ㅎ
과								와						
괘								왜						
궈								워						
괴								외						

(1-14) 【練習12】 次の単語を発音してみましょう。

과	사과 (リンゴ)	화가 (画家)	과자 (お菓子)
괘	돼지 (豚)	쇄도 (殺到)	쾌거 (快挙)
궈	워드 (ワード)	뭐 (何)	추워요 (寒いです)
괴	외모 (外見)	되다 (なる)	회사 (会社)

ᅰ	[we]	「ㅜ」と「ㅔ」を連続して早く発音する。 「ㅙ」「ㅚ」と同じ発音である。 単独では「웨」と書く。
ᅱ	[wi]	「ㅜ」と「ㅣ」を連続して早く発音する。 単独では「위」と書く。
ᅴ	[iy]	語頭では「ㅡ」と「ㅣ」を連続して早く発音するが、語中や子音と組み合わさる場合は[i]と発音する。 単独では「의」と書く。

練習13 発音をしながら、書いてみましょう。 1-15

	ㄱ	ㄴ	ㄷ	ㄹ	ㅁ	ㅂ	ㅅ	ㅇ	ㅈ	ㅊ	ㅋ	ㅌ	ㅍ	ㅎ
ᅰ								웨						
ᅱ								위						
ᅴ								의						

練習14 次の単語を発音してみましょう。 1-16

ᅰ	궤도（軌道）	웨이브（ウェーブ）	웨하스（ウエハース）
ᅱ	귀（耳）	위로（はげまし）	쉬다（休む）
ᅴ	의사（医者） 사의（辞意） 희미하다（かすかだ）	의자（椅子） 자의（恣意） 희소（希少）	의미（意味） 의의（意義）

ありそうでない組み合わせ

ᅥ　　　ᅲ　　　ᅦ　　　ᅢ

（×）　　（×）　　（×）　　（×）

子音（濃音）

ㄲ	[k']	「っ」が前にあるかのようにのどを詰まらせて「k」を発音
ㄸ	[t']	「っ」が前にあるかのようにのどを詰まらせて「t」を発音
ㅃ	[p']	「っ」が前にあるかのようにのどを詰まらせて「p」を発音
ㅆ	[s']	「っ」が前にあるかのようにのどを詰まらせて「s」を発音
ㅉ	[ts']	「っ」が前にあるかのようにのどを詰まらせて「ts」を発音

1-17 練習15 発音をしながら、書いてみましょう。

	ㅏ	ㅑ	ㅓ	ㅕ	ㅗ	ㅛ	ㅜ	ㅠ	ㅡ	ㅣ
ㄲ										
ㄸ										
ㅃ										
ㅆ										
ㅉ										

1-18 練習16 違いを意識しながら、発音してみましょう。

平音	가	다	바	사	자
激音	카	타	파		차
濃音	까	따	빠	싸	짜

練習17 次の単語を発音してみましょう。 (1-19)

ㄲ	까다 (剃く)	끄다 (消す)	꺼지다 (消える)
ㄸ	또 (また)	떠나다 (去る)	허리띠 (帯)
ㅃ	오빠 (兄)	빼다 (抜く)	바쁘다 (忙しい)
ㅆ	싸다 (安い)	쓰다 (書く)	쏘다 (撃つ)
ㅉ	찌다 (蒸す)	짜다 (しょっぱい)	쪼개다 (割る)

練習18 発音の違いを意識しながら発音してみましょう。 (1-20)

가다 (行く) —————— 까다 (剃く)　　타다 (乗る) —————— 따다 (もぎ取る)

바르다 (塗る) —————— 빠르다 (早い)　　사다 (買う) —————— 싸다 (安い)

지다 (負ける) —————— 치다 (打つ) —————— 찌다 (蒸す)

비다 (空く) —————— 피다 (咲く) —————— 삐다 (捻挫する)

자다 (寝る) —————— 차다 (蹴る) —————— 짜다 (しょっぱい)

ハングルのフォントについて

ハングルにも文字のフォントに色々種類がありますが、ここでは 明 朝体、ゴ シック体、宮 書体の3つを紹介しましょう。

明　가 나 다 라 마 바 사 아 자 차 카 타 파 하

ゴ　가 나 다 라 마 바 사 아 자 차 카 타 파 하

宮　가 나 다 라 마 바 사 아 자 차 카 타 파 하

※ ■ はフォントによって形に違いが見られるものです。

書くときに気を付けましょう！

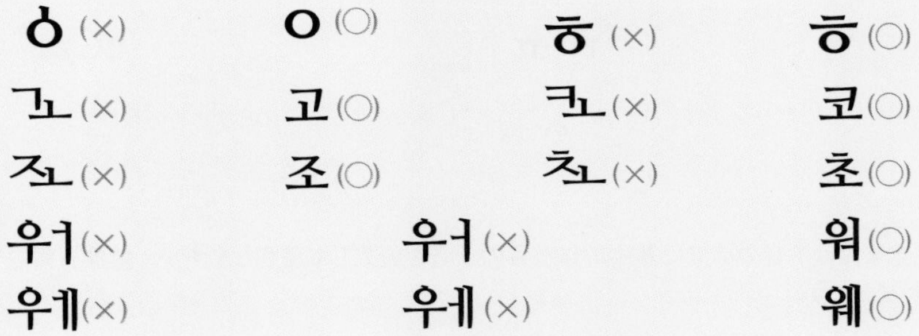

ㆁ (×)　　ㅇ (○)　　ㆆ (×)　　ㅎ (○)

� (×)　　고 (○)　　ꭼ (×)　　코 (○)

ꏼ (×)　　조 (○)　　ꞔ (×)　　초 (○)

우ㅓ (×)　　우ㅓ (×)　　워 (○)

우ㅔ (×)　　우ㅔ (×)　　웨 (○)

パッチム

　文字（発音）における日韓両言語の違いとして日本語は子音で終わる文字は「ん」しかありませんが、韓国語は英語のように子音で終わる場合が多くあります。そのような子音を韓国語ではパッチム（**받침**→「受け皿」という意味）といいます。この「パッチム」という用語は文法において活用などの基準となるので、ぜひ覚えておきましょう。

パッチム ──→ **학술**
（**받침**）

発音	パッチムの形	
	1文字パッチム	2文字パッチム
［ㄱ(k)］	ㄱ ㅋ ㄲ	ㄳ **ㄺ**[*]
［ㄴ(n)］	ㄴ	ㄵ ㄶ
［ㄷ(t)］	ㄷ ㅌ ㅅ ㅈ ㅊ ㅎ ㅆ	
［ㄹ(l)］	ㄹ	ㄼ[**] ㄽ ㄾ ㅀ
［ㅁ(m)］	ㅁ	**ㄻ**[*]
［ㅂ(p)］	ㅂ ㅍ	ㅄ **ㄿ**[*]
［ㅇ(ŋ)］	ㅇ	

[*]　2文字パッチムは語末または子音の前では基本的に左側の子音を優先して発音しますが、▨は右側の子音を優先して発音するので気をつけましょう。

[**]　「ㄼ」のうち、**밟다**（踏む）だけは右側の子音「ㅂ」を優先して発音します。

練習19 次は1文字のパッチムです。発音をしながら、書いてみましょう。

[ㄱ 発音]

국 (スープ)					
부엌 (台所)					

[ㄴ 発音]

산 (山)					
잔 (杯)					

[ㄷ 発音]

받다 (貰う)					
솥 (釜)					
빗 (くし)					
낮 (昼)					
꽃 (花)					
히읗 (ㅎの文字名)					

[ㄹ 発音]

물 (水)					
시골 (田舎)					

[ㅁ 発音]

감 (柿)					
김치 (キムチ)					

[ㅂ 発音]

밥 (ご飯)					
옆 (そば)					

[ㅇ 発音]

강 (川)					
공항 (空港)					

13

1-22 練習20 次は２文字のパッチムです。発音をしながら、書いてみましょう。

넋 (魂)					
닭 (鶏)					
앉다 (座る)					
많다 (多い)					
여덟 (八つ)					
외곬 (一筋)					
핥다 (なめる)					
싫다 (嫌いだ)					
젊다 (若い)					
값 (値段)					
읊다 (吟ずる)					

1-23 練習21 次の単語は日本語と韓国語の発音が似ているものか、日本人になじみのある単語です。
発音してからその意味を当ててみましょう。

교과서　　　도서관　　　약속　　　가족　　　삼각관계

삼분 무료 마사지　　　비빔밥　　　국밥　　　갈비　　　떡볶이

文字や発音についてよくある質問

1 英語の場合、「A」は「エー」、「K」は「ケー」という呼び方がありますが、韓国語の文字にも名前がありますか。

→ はい、あります。母音は発音そのものが名前となります。例えば、「ㅏ」の場合、発音も文字の名前も「아」です。子音の場合、それぞれ名前を持っており、次の通りです。

ㄱ	ㄴ	ㄷ	ㄹ	ㅁ	ㅂ	ㅅ	ㅇ	ㅈ	ㅊ	ㅋ	ㅌ	ㅍ	ㅎ
기역	니은	디귿	리을	미음	비읍	시옷	이응	지읒	치읓	키읔	티읕	피읖	히읗

ㄲ	ㄸ	ㅃ	ㅆ	ㅉ
쌍기역	쌍디귿	쌍비읍	쌍시옷	쌍지읒

2 「ㅐ」と「ㅔ」、「ㅒ」と「ㅖ」は最近同じ発音として扱われていると学びましたが、書くときにも区別しなくていいですか。

→ いいえ、区別します。同じ発音でも単語によってどちらを使うかは定められています。例えば、日本語の場合も「じ」と「ぢ」、「ず」と「づ」はそれぞれ同じ発音ですが、「鼻血」は「はなぢ」、「頭痛」は「ずつう」のように決まっているのと同じです。単語を覚える際に、表記に注意して暗記した方がよいです。

3 パッチムの中でも「ㅁ」「ㄴ」「ㅇ」の区別が難しいです。どうすればよいですか。

→ 日本人学習者からよく質問されるものですが、実は日本人も日本語でこの3つの音をきちんと区別して使っています。次の日本語を発音してみてください。特に「ん」の発音を意識しながら、発音してみてください。

「アン̲マ」　「アン̲ナ」　「アン̲コ」

同じ「ん」であるのにもかかわらず、「アンマ」は[amma]、「アンナ」は[anna]、「アンコ」は[aŋko]のように後続する発音が何になるかによって、「ん」の発音は[m]になったり、[n]になったり、[ŋ]になったりしていますね。韓国語のパッチムとしての「ㅁ」「ㄴ」「ㅇ」もそれぞれ[m] [n] [ŋ]に対応するものであるため、日本人学習者も繰り返して練習すれば発音できるはずです。

日本語のかなとハングル対照表

かな					ハングル									
					語頭					語中・語末				
ア	イ	ウ	エ	オ	아	이	우	에	오	아	이	우	에	오
カ	キ	ク	ケ	コ	가	기	구	게	고	카	키	쿠	케	코
サ	シ	ス	セ	ソ	사	시	스	세	소	사	시	스	세	소
タ	チ	ツ	テ	ト	다	지	쓰	데	도	타	치	쓰	테	토
ナ	ニ	ヌ	ネ	ノ	나	니	누	네	노	나	니	누	네	노
ハ	ヒ	フ	ヘ	ホ	하	히	후	헤	호	하	히	후	헤	호
マ	ミ	ム	メ	モ	마	미	무	메	모	마	미	무	메	모
ヤ	イ	ユ	エ	ヨ	야	이	유	에	요	야	이	유	에	요
ラ	リ	ル	レ	ロ	라	리	루	레	로	라	리	루	레	로
ワ	(ヰ)	ウン	(ヱ)	ヲ	와	(이)	우	(에)	오	와	(이)	우	(에)	오
	ン											ㄴ		
ガ	ギ	グ	ゲ	ゴ	가	기	구	게	고	가	기	구	게	고
ザ	ジ	ズ	ゼ	ゾ	자	지	즈	제	조	자	지	즈	제	조
ダ	ヂ	ヅ	デ	ド	다	지	즈	데	도	다	지	즈	데	도
バ	ビ	ブ	ベ	ボ	바	비	부	베	보	바	비	부	베	보
パ	ピ	プ	ペ	ポ	파	피	푸	페	포	파	피	푸	페	포
キャ		キュ		キョ	갸		규		교	캬		큐		쿄
ギャ		ギュ		ギョ	갸		규		교	갸		규		교
シャ		シュ		ショ	샤		슈		쇼	샤		슈		쇼
ジャ		ジュ		ジョ	자		주		조	자		주		조
チャ		チュ		チョ	자		주		조	차		추		초
ニャ		ニュ		ニョ	냐		뉴		뇨	냐		뉴		뇨
ヒャ		ヒュ		ヒョ	햐		휴		효	햐		휴		효
ビャ		ビュ		ビョ	뱌		뷰		뵤	뱌		뷰		뵤
ピャ		ピュ		ピョ	퍄		퓨		표	퍄		퓨		표
ミャ		ミュ		ミョ	먀		뮤		묘	먀		뮤		묘
リャ		リュ		リョ	랴		류		료	랴		류		료

■ 細則

1 促音である「っ」は「ㅅ」に統一する。

サッポロ → **삿포로**　　トットリ → **돗토리**　　ヨッカイチ → **욧카이치**

2 長音は表記しない。

キュウシュウ（九州）　→　**규슈**　　ニイガタ（新潟）　→　**니가타**

トウキョウ（東京）　　→　**도쿄**　　オオサカ（大阪）　→　**오사카**

練習22 今まで学んできたハングルを使って、自分の名前を書いてみましょう。

漢字		ハングル	
振り仮名			

韓国語の発音法則

法則Ⅰ 連音化　パッチムに母音で始まる文字（「ㅇ」がついた形）が後続する場合、パッチムが母音に連音する（「ㅇ」の位置に移る）現象。

옷이 (服が) [오시]　　음악 (音楽) [으막]　　있어요 (あります) [이써요]

2文字パッチムの場合、右側の文字だけが連音する。

앉아요 (座ります) [안자요]　　젊은이 (若者) [절므니]

法則Ⅱ 濃音化　パッチム「ㄱ/ㄷ/ㅂ」に「ㄱ/ㄷ/ㅂ/ㅅ/ㅈ」が後続する場合、後続の「ㄱ/ㄷ/ㅂ/ㅅ/ㅈ」が濃音化する現象。

학교 (学校) [학꾜]　　닫다 (閉める) [닫따]　　국밥 (クッパ) [국빱]

法則Ⅲ 激音化　「ㄱ/ㄷ/ㅂ/ㅈ」と「ㅎ」が相互に前後して発音が激音に変わる現象。

국화 (菊) [구콰]　　입학 (入学) [이팍]　　좋다 (良い) [조타]

| 法則IV 口蓋音化 | パッチム「ㄷ／ㅌ」に「이」が後続する場合、「ㄷ／ㅌ」が口蓋音である「ㅈ／ㅊ」になる現象。 |

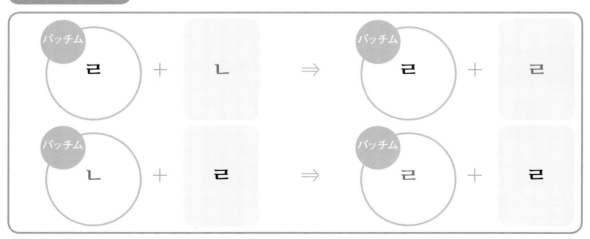

| パッチム ㄷ ㅌ | ＋ 이 | ⇒ | ㅈ ㅊ | ＋ 이 |

1-27 굳이 (敢えて) [구지]　　같이 (一緒に) [가치]　　붙이다 (貼る) [부치다]

| 法則V 鼻音化 | パッチム「ㄱ／ㄷ／ㅂ」が「ㄴ／ㅁ」の前で「ㅇ／ㄴ／ㅁ」に変わったり、「ㅁ／ㅇ」に後続する「ㄹ」が「ㄴ」に変わったりする現象。 |

| パッチム ㄱ ㄷ ㅂ | ＋ ㄴ ㅁ | ⇒ | パッチム ㅇ ㄴ ㅁ | ＋ ㄴ ㅁ |

| パッチム ㅁ ㅇ | ＋ ㄹ | ⇒ | パッチム ㅁ ㅇ | ＋ ㄴ |

1-28 학년 (学年) [항년]　　입니다 (〜です) [임니다]　　심리 (心理) [심니]

| 法則VI 流音化 | 「ㄴ」が「ㄹ」の前後に位置して「ㄹ」に変わる現象。 |

| パッチム ㄹ | ＋ ㄴ | ⇒ | パッチム ㄹ | ＋ ㄹ |

| パッチム ㄴ | ＋ ㄹ | ⇒ | パッチム ㄹ | ＋ ㄹ |

1-29 실내 (室内) [실래]　　연락 (連絡) [열락]　　신라 (新羅) [실라]

Part II

韓国語の表現と会話

 제 **1** 과

저는 야마모토 히로시입니다.

学習目標	■ 断定の丁寧表現　〜입니다 ■ 助詞　〜는 / 은

야마모토 : **안녕하십니까?**

저는 야마모토 히로시입니다.

일본 사람입니다.

이사랑　: **안녕하세요? 제 이름은 이사랑입니다.**

반갑습니다.

야마모토 : **이사랑 씨는 회사원입니까?**

이사랑　: **아니요, 대학생입니다.**

저	〜는 / 은	〜입니다	안녕하십니까?	일본　사람
わたし	〜は	〜です	おはようございます、こんにちは、こんばんは	日本人
안녕하세요?		제	이름	반갑습니다
おはようございます、こんにちは、こんばんは		私の	名前	お会いできてうれしいです
〜씨	회사원	〜입니까?	아니요	대학생
〜さん	会社員	〜ですか?	いいえ	大学生

21

表現 1 ~입니다 (~です)

形式

·名詞末のパッチム有無に関係なく: 名詞＋입니다 ／ 名詞＋입니까？(疑)

例) **아버지**(父) → **아버지입니다 / 아버지입니까?**

선생님(先生) → **선생님입니다 / 선생님입니까?**

1-31 例文

① A: 휴대폰입니까?　　　　　携帯電話ですか。

B: 네, 휴대폰입니다.　　　　はい、携帯電話です。

② 대학교입니까?　　　　　　大学ですか。

③ 교실입니다.　　　　　　　教室です。

④ 어머니입니다.　　　　　　母です。

表現 2 ~는 / 은 (~は)

形式

·名詞末にパッチム無: 名詞＋는

例) **학교**(学校) → **학교는**

·名詞末にパッチム有: 名詞＋은

例) **책**(本) → **책은**

1-32 例文

① 마이클 씨는 미국 사람입니까?　マイケルさんはアメリカ人ですか。*

② 저는 학생입니다.　　　　　　　私は学生です。

③ 선생님은 한국 사람입니다.　　先生は韓国人です。

④ 제 이름은 김유나입니다.　　　私の名前はキム・ユナです。

네	휴대폰	대학교	교실	어머니	미국 사람
はい	携帯電話	大学(校)	教室	お母さん	アメリカ人
학생	선생님	한국 사람			
学生	先生	韓国人			

● ためになる韓国語の挨拶表現 ●

1-33

처음 뵙겠습니다.	はじめまして。
(만나서) 반갑습니다.	お会いできて嬉しいです。
안녕히 가세요.	さよなら(立ち去る人に対して)。
안녕히 계세요.	さよなら(その場に残る人に対して)。
또 만나요.	また会いましょう。
감사합니다.	ありがとうございます。
고맙습니다. / 고마워요.	ありがとうございます。
천만에요.	どういたしまして。
미안합니다. / 미안해요.	すみません。ごめんなさい。
죄송합니다. / 죄송해요.	申し訳ございません(「미안합니다」よりやや重い)。
실례합니다.	失礼します。
괜찮습니다. / 괜찮아요.	大丈夫です。
잘 부탁합니다. / 잘 부탁해요.	宜しくお願いします。
잘 먹겠습니다.	いただきます。
잘 먹었습니다.	ご馳走様でした。
안녕히 주무세요.	お休みなさい(目上の人へ)。
잘 자요.	お休みなさい(同年代の人へ)。

表現練習1 名詞に「〜는/은」をつけて書いてみましょう。

	〜는/은
대학생 （大学生）	대학생은
교과서 （教科書）	
김치 （キムチ）	
한국 （韓国）	
학교 （学校）	
도서관 （図書館）	
모자 （帽子）	

表現練習2 「〜입니다」形を使って例のように書いてみましょう。

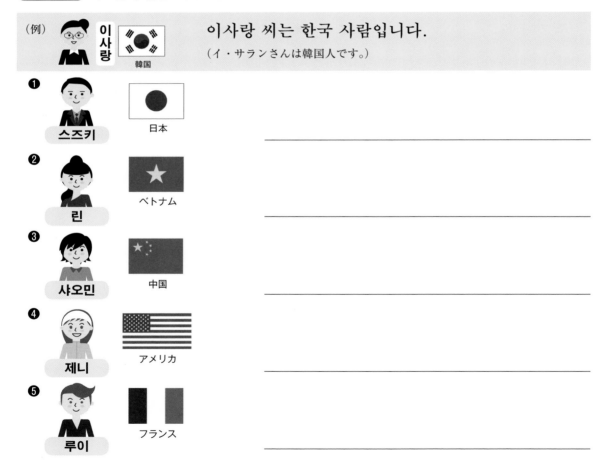

（例） 이사랑 씨는 한국 사람입니다.
（イ・サランさんは韓国人です。）

❶ 스즈키　日本

❷ 린　ベトナム

❸ 샤오민　中国

❹ 제니　アメリカ

❺ 루이　フランス

베트남 사람	중국 사람	프랑스 사람
ベトナム人	中国人	フランス人

会話練習1 絵を見ながら、例のように会話してみましょう。

  선생님 이사랑

 의사 사토

 가수 다나카

 학생 마오

  회사원 스즈키

1-34

（例）イ・サランさんは先生かどうか聞いてみましょう。

A：**이사랑 씨는 선생님입니까?**（イ・サランさんは先生ですか。）

B：**네, 선생님입니다.**（はい、先生です。）

❶ 田中さんは歌手かどうか聞いてみましょう。

A：＿＿＿＿＿＿＿＿＿＿＿＿＿＿＿＿＿＿＿＿＿＿＿＿＿＿＿

B：＿＿＿＿＿＿＿＿＿＿＿＿＿＿＿＿＿＿＿＿＿＿＿＿＿＿＿

❷ マオさんは会社員かどうか聞いてみましょう。

A：＿＿＿＿＿＿＿＿＿＿＿＿＿＿＿＿＿＿＿＿＿＿＿＿＿＿＿

B：＿＿＿＿＿＿＿＿＿＿＿＿＿＿＿＿＿＿＿＿＿＿＿＿＿＿＿

❸ 佐藤さんは医者かどうか聞いてみましょう。

A：＿＿＿＿＿＿＿＿＿＿＿＿＿＿＿＿＿＿＿＿＿＿＿＿＿＿＿

B：＿＿＿＿＿＿＿＿＿＿＿＿＿＿＿＿＿＿＿＿＿＿＿＿＿＿＿

❹ 鈴木さんは学生かどうか聞いてみましょう。

A：＿＿＿＿＿＿＿＿＿＿＿＿＿＿＿＿＿＿＿＿＿＿＿＿＿＿＿

B：＿＿＿＿＿＿＿＿＿＿＿＿＿＿＿＿＿＿＿＿＿＿＿＿＿＿＿

의사	가수
医者	歌手

会話練習2 韓国語で自己紹介をしてみましょう。

初対面の人への挨拶（p.23参照）や、自分の名前・身分・国籍などを書いてみましょう。

자 기 소 개

자기소개

自己紹介

제 **2** 과　누가 한국어 선생님입니까?

学習目標	■ 助詞 ～가 / 이 ■ ～입니다の否定形　～가 / 이 아닙니다.

(1-35)

야마모토 : 누가 한국어 선생님입니까?

선생님　 : 제가 한국어 선생님입니다.

　　　　　학생*은 중국 사람입니까?

야마모토 : 아뇨, 저는 중국인이 아닙니다.

　　　　　일본 사람입니다.

누가	한국어	제가	아뇨(←아니요)	～가/이 아닙니다
誰が	韓国語	私が	いいえ	～ではありません

＊「학생(学生)」は韓国では「先生」や「社長」などのように呼び方としても使える。

表現 **1**　~가 / 이（~が）

・名詞末にパッチム無： 名詞＋가　　例）학교（学校）→ **학교가**
・名詞末にパッチム有： 名詞＋이　　例）책（本）→ **책이**

注 意

・次の場合は例外なので注意しよう。

私が → **제가**（○）/ **저가**（×）　　　誰が → **누가**（○）/ **누구가**（×）

・「~가 / 이」が日本語の「~が」ではなく、「~は」に対応する場合がある。これに関しては次の「잔소리」を参照すること。

例 文　(1-36)

① 제 친구가 중국인입니다.　　　私の友達が中国人です。
② 아버지가 공무원입니다.　　　父親が公務員です。
③ 스즈키 씨는 전공이 한국어입니다.　鈴木さんは専攻が韓国語です。
④ 선생님이 미국 사람입니까?　　先生がアメリカ人ですか。

잔소리　名前が何ですか??

（日本語）	（韓国語）
A：こんにちは。名前は①何ですか。	A：안녕하세요. 이름이① 무엇입니까?
B：私の名前は②花子です。	B：제 이름은② 하나코입니다.
A：専攻は③何ですか。	A：전공은③ 무엇입니까?
B：専攻は④英語です。	B：전공은④ 영어입니다.
A：出身は⑤どこですか。	A：고향은⑤ 어디입니까?
B：出身は⑥大阪です。	B：고향은⑥ 오사카입니다.

　上記の①のように、ある会話の始めや、話題が変わった後の最初の質問の場合、日本語の助詞「~は」が韓国語の「~는/은」ではなく、「~가/이」に対応する場合があります。これは韓国語の「~가/이」には、会話の中で最初の新しい情報を相手に求める際には「~가/이」が用いられるという用法があるからです。上記の会話を見てみますと、「こんにちは」という挨拶を交わした後、最初の質問として相手の名前を聞いており、これはAがBに求めている一番最初の情報であるため、「이」が用いられているわけです。その後の専攻や出身に関する質問は日本語と同じく「~는/은」が用いられていますよね。ただし、一番最初の質問でも日本語のように「~는/은」を使ってもそれほど間違いではないことも理解しておきましょう（例えば①を「안녕하세요. 이름은 무엇입니까?」と言うこともある）。

친구	공무원	전공
友達	公務員	専攻

表現 2 　～가 / 이 아닙니다（～ではありません）

意味
・「名詞＋입니다」の否定形

形式
・名詞末にパッチム無: 名詞＋가 아닙니다　　例）학교（学校）→ **학교가 아닙니다**
・名詞末にパッチム有: 名詞＋이 아닙니다　　例）책（本）→ **책이 아닙니다**

注意
・日本語の「～ではありません」が韓国語の「～가/이 아닙니다」に対応するため、日本語の助詞「では」が韓国語の助詞「～가/이」に、「ありません」が「아닙니다」に対応すると思われがちであるが、実際はそのように対応するものではない。慣用的な表現として学習しよう。

例文

① 김치가 아닙니다.　　　　　　　　　　　キムチではありません。
② 한국어가 아닙니다.*　　　　　　　　　　韓国語ではありません。
③ 저는 한국인이 아닙니다.**　　　　　　　私は韓国人ではありません。
④ 가방이 아닙니다.　　　　　　　　　　　かばんではありません。

＊「日本語」や「韓国語」のように国の言語を表す「～語」には韓国語の場合、二つの方法がある。一つは上記のように「国名＋어」（例：한국어, 일본어…）、もう一つは「国名＋말」（例：한국말, 일본말…）である。単に言語そのものだけを表す際には両方とも用いることができるが、言語が何らかの名詞を修飾するとき（例えば日本語の先生、韓国語の先生…）には、「国名＋어」を用いた方が望ましい。

例）通訳は韓国語です。　　　　통역은 한국어 （○）/ 한국말 （○）입니다 .
　　私は日本語の先生です。　　저는 일본어 선생님 （○）/ 일본말 선생님 （×）입니다 .

＊＊「～人」の場合も「～語」と同様に二つの方法がある。一つは「国名＋인」、もう一つは「国名＋사람」である。単なる国籍だけを表す場合は両方とも使えるが、国籍が何らかの名詞を修飾するとき（例えば、韓国人の先生、日本人の友達…）には「国名＋인」を用いた方が望ましい。

例）私はアメリカ人です。　　　저는 미국인 （○）/ 미국 사람 （○）입니다 .
　　中国人の友達です。　　　　중국인 친구 （○）/ 중국 사람 친구 （×）입니다 .

한국인	가방
韓国人	かばん

表現練習1 名詞に「〜는/은」や「〜가/이」の助詞をつけて書いてみましょう。

	〜는 / 은	〜가 / 이
가방 (かばん)	가방은	가방이
구두 (くつ)		
김치 (キムチ)		
연필 (鉛筆)		
우유 (牛乳)		
은행 (銀行)		
책상 (机)		

表現練習2 例のように否定文を作ってみましょう。

(例) 일본인 ➡ 일본인이 아닙니다. (日本人ではありません。)

❶ 교실   ➡ _____

❷ 노트   ➡ _____

❸ 시계   ➡ _____

❹ 커피   ➡ _____

❺ 회사원 ➡ _____

❻ 식당   ➡ _____

일본인	노트	시계	커피	식당
日本人	ノート	時計	コーヒー	食堂

会話練習1 次の絵を見ながら例のように会話してみましょう。

韓国人	会社員	日本人	先生	大学生
이사랑	김영철	야마모토	이영숙	마오

（例）　　　A : 누가 한국인입니까? （誰が韓国人ですか。）
　　　　　B : 이사랑 씨가 한국인입니다. （イ・サランさんが韓国人です。）

1-38

❶ A : 누가 선생님입니까?

　 B : _____

❷ A : 누가 일본인입니까?

　 B : _____

❸ A : 누가 대학생입니까?

　 B : _____

❹ A : 누가 회사원입니까?

　 B : _____

会話練習2 例のように、Aの質問に対して答えてみましょう。

(例)

A : 이사랑 씨는 중국 사람입니까? (イ・サランさんは中国人ですか。)

B : 아뇨, 중국 사람이 아닙니다. 한국 사람입니다.
(いいえ、中国人ではありません。韓国人です。)

← 이사랑

❶

← 이영숙

A : 이영숙 씨는 학생입니까?

B : _____

❷

← 김영철

A : 김영철 씨는 가수입니까?

B : _____

❸

← 나카무라

A : 나카무라 씨는 의사입니까?

B : _____

❹

← 마이클

A : 마이클 씨는 영국 사람입니까?

B : _____

영국 사람
イギリス人

그것은 무엇입니까?

学習目標	■ 指示表現　이 / 그 / 저 / 어느 ■ 所有表現　～의 것

야마모토 : 이사랑 씨, 그것은 무엇입니까?

이사랑　 : 이것은 한국어 책입니다.

야마모토 : 교과서입니까?

이사랑　 : 아뇨, 이 책은 교과서가 아닙니다.

　　　　　 소설책입니다.

야마모토 : 이사랑 씨의 것입니까?

이사랑　 : 아뇨, 친구 것입니다.

그것	무엇	이것	이	소설책	～의	것
それ	何	これ	この	小説の本	～の	もの、こと

表現 **1** **이, 그, 저, 어느** (こ、そ、あ、ど)

形 式

・物や人を指すときに使われる指示表現。

이	그	저	어느
この	その	あの	どの
이것	그것	저것	어느 것
これ	それ	あれ	どれ

例 文

① 이 책은 일본어 교과서입니다. この本は日本語の教科書です。

② 그것은 영어 사전입니까? それは英語の辞書ですか。

③ 저 산이 후지산입니다. あの山が富士山です。

④ 어느 것이 누나 모자입니까? どれが姉の帽子ですか。

잔소리 韓国語の이/그/저/어느 (こ/そ/あ/ど) について

韓国語の場合も日本語のように、「이/그/저/어느」を中心として次のように単語を作ることができます。

이곳 (ここ)	이쪽 (こちら)	이런 (こんな)
그곳 (そこ)	그쪽 (そちら)	그런 (そんな)
저곳 (あそこ)	저쪽 (あちら)	저런 (あんな)
어느 곳 (どこ)	어느 쪽 (どちら)	어떤 (どんな)

ただし、場所を表す「ここ/そこ/あそこ/どこ」に対応する韓国語は上記に紹介した「**이곳/그곳/저곳/어느 곳**」よりは「**여기/거기/저기/어디**」の方がより多く用いられていることも覚えておきましょう。

일본어	사전	영어 사전	산	후지산	누나
日本語	辞書	英語の辞書	山	富士山	姉(男性から見て)

表現 2 ~의 것（~のもの）

形 式

・名詞＋의 것

例）선생님 → 선생님**의** 것（先生のもの） 친구 → 친구**의** 것（友達のもの）

・ただし、「~의」は省略することが多い。

例）선생님 것 친구 것

注 意

・「~의」が助詞「~の」の意味として使われる場合、発音は[에]である。

例 文

① 이 샤프는 제 것입니다. このシャープペンは私のものです。
② 그 가방은 어머니의 것입니다. そのかばんは母のものです。
③ 저 컴퓨터는 학교 것이 아닙니다. あのパソコンは学校のものではありません。
④ 이것은 누구 것입니까? これは誰のですか。

잔소리 日本語の「~の」は韓国語の「~의」とはかなり違う？？

日本語では「の」が使われるべきところに、韓国語の「의」が省略されることがあります。逆に「의」を省略できない例もありますので、合わせて確認しておきましょう。

① 時・位置・種類を表すことばなどが連続する場合はしばしば省略される。

・**이번 주 일요일**（今週の日曜日） ・**학교 앞**（学校の前） ・**한국어 선생님**（韓国語の先生）

② 「의」を省略すると誤解を招く、あるいは決まり文句では省略出来ない場合がある。

・**서울의 대학교**（ソウルの大学）vs. **서울 대학교**（ソウル大学）

・**자유의 여신상**（自由の女神） → （×）**자유 여신상**

・**이분의 일**（二分の一） → （×）**이분 일**

・**저의 신발**（私の靴） → （×）**저 신발** （○）**제 신발** （「제」は「저의」の縮約形）

・**나의 친구**（私の友だち） → （×）**나 친구** （○）**내 친구** （「내」は「나의」の縮約形）

샤프	컴퓨터	누구
シャープペン	パソコン	誰

表現練習1 絵を見ながら、自分の立場から例のように言ってみましょう。

(例) ❶ 이 시계 (この時計)

❷

❸

❹

❺

❻

(例) ❶ 이것은 시계입니다. (これは時計です。)

❷ _____

❸ _____

❹ _____

❺ _____

❻ _____

表現練習2 提示の単語を使い、例のように文を作ってみましょう。

(例) 그 / 시계 / 아버지 ➡ (肯) 그 시계는 아버지 것입니다. (その時計は父のです。)
　　　　　　　　　　　　 (否) 그 시계는 아버지 것이 아닙니다. (その時計は父のではありません。)

❶ 저 / 바지 / 오빠　➡　(肯) _____

　　　　　　　　　　　　(否) _____

❷ 이 / 치마 / 여동생 ➡　(肯) _____

　　　　　　　　　　　　(否) _____

❸ 그 / 구두 / 누나　➡　(肯) _____

　　　　　　　　　　　　(否) _____

지갑	텔레비전	바지	오빠	치마	여동생
財布	テレビ	ズボン	兄(女性から見て)	スカート	妹

会話練習1 例のように友だちが持っているものや教室の中にあるものを使って会話してみましょう。

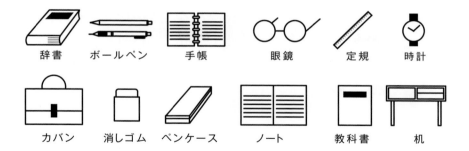

辞書　ボールペン　手帳　眼鏡　定規　時計

カバン　消しゴム　ペンケース　ノート　教科書　机

(例) 私: 이것은 무엇입니까?　友達: 그것은 지우개입니다.
（これは何ですか。）　　　（それは消しゴムです。）

1-43

❶　私: _____

　友達: _____

❷　私: _____

　友達: _____

❸　私: _____

　友達: _____

❹　私: _____

　友達: _____

볼펜	수첩	안경	자	지우개	필통
ボールペン	手帳	眼鏡	定規	消しゴム	ペンケース

会話練習2 絵を見ながら、例のようにAは質問し、Bは答えてみましょう。

（例） 　母

A：그 가방은 누구 것입니까? （そのかばんは誰のですか。）

B：이 가방은 어머니 것입니다. （このかばんは母のです。）

❶ 　友達

A：_____

B：_____

❷ 　学校

A：_____

B：_____

❸ 　弟

A：_____

B：_____

❹  　社長

A：_____

B：_____

남동생	사장님
弟	社長

親しき仲には… 01

このコラムでは、韓国留学経験のある筆者が滞在中に感じたカルチャーショックと、その背景となる韓国文化について書きます。あくまでも個人的な経験や考えですが、少しでも韓国語を学ぶ皆さんの韓国文化理解の参考になれば幸いです。

繁華街

韓国は儒教の影響を強く受けているため、年齢がとても重要です。このため初対面で年齢を聞き、呼び方や言葉遣いなどが決まってから人間関係がスタートする感覚でした。親しい間柄になると年上の人には언니, 누나（お姉さん）や오빠, 형（お兄さん）のような呼び方をします。韓国では当たり前のことなのですが、初めはなかなか呼んでくれなかった年下の友人にこのように呼ばれるようになると、なんだか特別な親しみを感じて嬉しくなったものです。

年齢は誕生日を過ぎているかに関係なく数え年で言います。韓国では原則として 친구（友達）は年齢が同じ場合にのみなることができます。日本では同年代であれば誰でも友達になることができるという話をすると韓国の友人たちから羨ましがられましたが、私はむしろ언니や누나という呼び方自体に親しみを感じました。日本では「〇〇お姉ちゃん」のような呼び方は子供のときに使うことが多いため、幼なじみや親戚のような親近感を感じるのかもしれません。

一度親しくなると距離感がとても近く、家族のように接してくれることにも驚きました。同性同士でも腕を組んだり手をつないだりするのは普通ですし、会話をしていてもプライベートにもどんどん踏み込んで来る人が多いです。また、迷惑だと思って遠慮したことが「水くさい」と受け止められてしまったことが何度かありました。韓国では親しければとことん頼り合い、助け合うのが当たり前なのだと感じました。どんなに親しい関係でも「親しき仲にも礼儀あり」と一線を画す日本とは形は違いますが、どちらの考え方も根底にあるのは相手を思う気持ちなのではないでしょうか。

第4課では韓国語の動詞について学習しますが、その前に韓国語動詞の仕組みについて少し勉強しておきましょう！

動詞は場合によってさまざまな形に変わりますが、これを「活用」といいます。
例えば、日本語動詞の基本形「たべる」は「たべます、たべたい、たべない、たべれば…」等に活用します。活用時に変化しない部分（語幹）と変化する部分（語尾）があるのです。「たべる」の場合、「たべ」が語幹に当たります。このように日本語動詞の仕組みは「語幹＋る」となっています。（ただし、日本語の語尾が「る」だけではなく、「あう／かく／まつ／しぬ…」のように「う／く／つ／ぬ…」もあります。）

それでは、韓国語動詞も見てみましょう。
韓国語動詞の基本形も語幹と語尾があり、その仕組みは「語幹＋다」です。韓国語動詞の場合、語尾が日本語のように多様ではなく、「다」しかありません。
例えば、

「먹다（食べる）」の場合、「먹」が語幹で、「다」が語尾です。

それでは、次の韓国語動詞の語幹に下線を引いてみましょう。

찾다（探す）　　입다（着る）　　읽다（読む）

만나다（会う）　　마시다（飲む）　　기다리다（待つ）

걸다（掛ける）　　만들다（作る）　　팔다（売る）

제 **4** 과　오늘 무엇을 합니까?

学習目標	■ 助詞　～를 / 을
	■ 動詞の丁寧表現　～ㅂ니다 / 습니다

1-45

이민영 : 스즈키 씨, 오늘 무엇을 합니까?

스즈키 : 한국어 공부를 합니다.

이민영 : 그럼 내일은 무엇을 합니까?

스즈키 : 약속이 있습니다. 친구를 만납니다.

　　　　민영 씨는 내일 무엇을 합니까?

이민영 : 저는 영화를 봅니다.

오늘	～를 / 을	하다	～ㅂ니까? / 습니까?		공부	～ㅂ니다 / 습니다
今日	～を	する	～ますか、～ていますか		勉強	～ます、～ています
그럼	내일	약속	있다	만나다	영화	보다
それでは、では	明日	約束	ある、いる	会う	映画	見る

41

表現 **1**　～를/을 （～を）

形式

・名詞末にパッチム無: 名詞＋를

　例) **김치**(キムチ) → **김치를**　　**학교**(学校) → **학교를**

・名詞末にパッチム有: 名詞＋을

　例) **밥**(ご飯) → **밥을**　　**학생**(学生) → **학생을**

例文

(1-46)

① **영화를**　映画を　　② **한국어를**　韓国語を

③ **우유를**　牛乳を　　④ **집을**　　　家を

⑤ **운동을**　運動を　　⑥ **지하철을**　地下鉄を

表現 **2**　～ㅂ니다 / 습니다 （～ます・～ています）

意味

・現在行っている動作や習慣、すでに決まっている未来の動作を表す動詞の丁寧形

形式

・語幹末にパッチム無: 語幹＋ㅂ니다 ／語幹＋ㅂ니까?(疑)

　例) **가다**(行く) → **갑니다/갑니까?**

・語幹末にパッチム有: 語幹＋습니다 ／語幹＋습니까?(疑)

　例) **먹다**(食べる) → **먹습니다/먹습니까?**

・語幹末のパッチム「ㄹ」: ㄹを外した語幹＋ㅂ니다 ／語幹＋ㅂ니까?(疑)

　例) **만들다**(作る) → **만듭니다/만듭니까?**

집	운동	지하철
家	運動	地下鉄

① 남동생은 지금 공부를 합니다.　　　弟は今勉強をしています。

② 모레 컴퓨터를 삽니다.　　　　　明後日コンピューターを買います。

③ 저는 매일 빵을 먹습니다.　　　　私は毎日パンを食べます。

④ 저는 오늘 교복을 입습니다.　　　私は今日制服を着ます。

⑤ 저는 지금 김치를 만듭니다.　　　私は今キムチを作っています。

・ 表現1 で紹介した通り、「〜를 / 을」は日本語の「〜を」に対応するが、「〜를 / 을 만나다 : 〜に会う」「〜를 / 을 타다 : 〜に乗る」などのように、動詞によっては「〜を」ではなく、別の助詞に対応する場合もあることに注意しよう。

例）先生に会います　→　선생님을 만납니다

　　バスに乗ります　→　버스를 탑니다

韓国語の動詞

| 가다 | 오다 | 보다 | 사다 | 자다 |

| 먹다 | 읽다 | 입다 | 받다 | 찍다 |

| 만들다 | 놀다 | 살다 | 팔다 | 알다 |

| 공부하다 | 운동하다 | 전화하다 | 일하다 | 이야기하다 |

지금	모레	사다	매일	빵	교복	입다
今	明後日	買う	毎日	パン	制服	着る

表現練習1 名詞に「〜를/을」をつけて書いてみましょう。

	〜를 / 을
도서관 （図書館）	도서관을
언니 （[女性から見て] お姉さん）	
사진 （写真）	
편의점 （コンビニ）	
일기 （日記）	
은행 （銀行）	
불고기 （プルコギ）	

表現練習2 次の動詞を「〜ㅂ니다/습니다」形と「〜ㅂ니까?/습니까?」形に活用してみましょう。

	〜ㅂ니다/습니다	〜ㅂ니까?/습니까?
찾다 （探す）	찾습니다	찾습니까?
보다 （見る）		
놀다 （遊ぶ）		
보내다 （送る）		
읽다 （読む）		
배우다 （学ぶ）		
쓰다 （書く）		
찍다 （撮る）		
살다 （住む）		

会話練習1 例のように会話してみましょう。

（例） 本を読む
A：지금 무엇을 합니까? （今何をしていますか。）
B：저는 책을 읽습니다. （私は本を読んでいます。）

❶ 水を飲む

A：＿＿＿＿＿＿＿＿＿＿＿＿＿＿＿＿＿＿＿＿＿＿＿＿＿＿＿

B：＿＿＿＿＿＿＿＿＿＿＿＿＿＿＿＿＿＿＿＿＿＿＿＿＿＿＿

❷ 写真を撮る

A：＿＿＿＿＿＿＿＿＿＿＿＿＿＿＿＿＿＿＿＿＿＿＿＿＿＿＿

B：＿＿＿＿＿＿＿＿＿＿＿＿＿＿＿＿＿＿＿＿＿＿＿＿＿＿＿

❸ ご飯を食べる

A：＿＿＿＿＿＿＿＿＿＿＿＿＿＿＿＿＿＿＿＿＿＿＿＿＿＿＿

B：＿＿＿＿＿＿＿＿＿＿＿＿＿＿＿＿＿＿＿＿＿＿＿＿＿＿＿

❹ 運転をする

A：＿＿＿＿＿＿＿＿＿＿＿＿＿＿＿＿＿＿＿＿＿＿＿＿＿＿＿

B：＿＿＿＿＿＿＿＿＿＿＿＿＿＿＿＿＿＿＿＿＿＿＿＿＿＿＿

물	마시다	사진을 찍다	운전
水	飲む	写真を撮る	運転

会話練習2 例のように会話してみましょう。

(例) Aは今何を読んでいるかを聞き、Bは雑誌を読んでいると答えてみましょう。

　　　A：지금 무엇을 읽습니까? （今何を読んでいますか。）

　　　B：지금 잡지를 읽습니다. （今雑誌を読んでいます。）

❶ Aは今何を聴いているかを聞き、Bはラジオを聴いていると答えてみましょう。

　　A：＿＿＿＿＿＿＿＿＿＿＿＿＿＿＿＿＿＿＿＿＿＿＿＿＿＿＿＿

　　B：＿＿＿＿＿＿＿＿＿＿＿＿＿＿＿＿＿＿＿＿＿＿＿＿＿＿＿＿

❷ Aは明日誰に会うかを聞き、Bは先生に会うと答えてみましょう。

　　A：＿＿＿＿＿＿＿＿＿＿＿＿＿＿＿＿＿＿＿＿＿＿＿＿＿＿＿＿

　　B：＿＿＿＿＿＿＿＿＿＿＿＿＿＿＿＿＿＿＿＿＿＿＿＿＿＿＿＿

❸ Aは最近運動をしているかを聞き、Bは肯定の表現で答えてみましょう。

　　A：＿＿＿＿＿＿＿＿＿＿＿＿＿＿＿＿＿＿＿＿＿＿＿＿＿＿＿＿

　　B：＿＿＿＿＿＿＿＿＿＿＿＿＿＿＿＿＿＿＿＿＿＿＿＿＿＿＿＿

❹ Aは今日映画を見るかを聞き、Bは肯定の表現で答えてみましょう。

　　A：＿＿＿＿＿＿＿＿＿＿＿＿＿＿＿＿＿＿＿＿＿＿＿＿＿＿＿＿

　　B：＿＿＿＿＿＿＿＿＿＿＿＿＿＿＿＿＿＿＿＿＿＿＿＿＿＿＿＿

잡지	듣다	라디오	요즘
雑誌	聴く	ラジオ	この頃、最近

제 5 과 이 근처에 병원이 있습니까?

学習目標	■ 位置名詞　앞 / 뒤 / 옆…
	■ 助詞　〜에 / 〜도

1-50

스즈키 : 민영 씨, 이 근처에 병원이 있습니까?

이민영 : 네, 지하철역 앞에 있습니다.

스즈키 : 아, 그렇습니까?

그럼 병원 옆에 약국도 있습니까?

이민영 : 아뇨, 약국은 거기에 없습니다.

버스 정류장 오른쪽에 있습니다.

근처	〜에	병원	지하철역	앞	아	그렇습니까?	
近所、近く	〜に	病院	地下鉄の駅	前	(感嘆詞)あ	そうですか	
옆	약국	〜도	거기	없다	버스	정류장	오른쪽
横、隣、傍	薬局	〜も	そこ	ない、いない	バス	停留所	右側

表現 1 〜에 (〜に)

意 味

・目的地、時間、ものの在り処などを表す助詞。

形 式

・名詞末のパッチム有無に関係なく: 名詞＋에

例) 학교(学校) → **학교에**　　주말(週末) → **주말에**

例 文

① 지금 친구 집에 갑니다.　　　　　今友達の家に行きます。

② 스즈키 씨는 오늘 학교에 옵니다.　鈴木さんは今日学校に来ます。

③ 생일에 미역국을 먹습니다.　　　　誕生日にわかめスープを飲みます。*

④ 주말에 무엇을 합니까?　　　　　　週末に何をしますか。

⑤ 식당은 어디에 있습니까?　　　　　食堂はどこにありますか。

> *料理の中でスープ類の場合、日本語は「飲む」という動詞を用いるが、韓国語では「食べる」に当たる「먹다」を用いる。また、日本語は「食べる」と「飲む」を使い分けているが、韓国語では会話体として「마시다（飲む）」の代わりに「먹다（食べる）」と言う場合もある。
>
> 例) **저는 맥주를 마십니다 / 먹습니다**(私はビールを飲みます)

表現 2 〜앞 / 뒤 / 옆… (〜の前／後ろ／横…)

形 式

・名詞 ＋ 位置名詞

例) **학교 앞**(学校の前)　　**우체국 뒤**(郵便局の後ろ)

・日本語は「名詞」と「位置名詞」の間に「の」が必要であるが、韓国語の場合は省略した方が自然である。

例) 学校の前に → (△) **학교의 앞에**

오다	생일	미역국	어디
来る	誕生日	わかめスープ	どこ

※位置名詞

앞	前	뒤	後ろ
위	上	아래 / 밑	下
안 / 속	中	밖	外
오른쪽	右側	왼쪽	左側
옆	横、傍、隣	근처	近所、近く

① 안경은 책상 위에 있습니다.   眼鏡は机の上にあります。

② 휴대폰은 가방 안에 없습니다.   携帯電話はカバンの中にありません。

③ 저는 오늘 시청 근처에 갑니다.   私は今日市役所の近くに行きます。

④ 누가 교실 밖에 있습니까?   誰が教室の外にいますか。

⑤ 고양이는 의자 밑에 있습니다.   猫は椅子の下にいます。

表現 3   ~도 (~も)

形 式

・名詞末のパッチム有無に関係なく: 名詞＋도

例) **아버지**(父) → **아버지도**   **학생들**(学生たち) → **학생들도**

① A:가방 안에 무엇이 있습니까?   カバンの中に何がありますか。

   B:책이 있습니다. 노트도 있습니다.   本があります。ノートもあります。

② A:집에 누가 있습니까?   家に誰がいますか。

   B:어머니가 있습니다. 그리고 여동생도 있습니다.   母がいます。そして妹もいます。

③ 제 생일 파티에 학교 친구들이 옵니다. 여자 친구도 옵니다.

     私の誕生日パーティーに学校の友達が来ます。彼女も来ます。

시청	고양이	의자	그리고	파티	여자 친구
市役所	猫	椅子	そして	パーティー	彼女

表現練習1 例のように指示の単語を使って文を作ってみましょう。（必要な助詞や活用形を加える）

（例）오늘 / 학교 / 가다
　　　오늘 학교에 갑니다. （今日学校に行きます。）

❶ 누나 / 일요일 / 아르바이트 / 하다

_____

❷ 지금 / 방 / 언니 / 있다

_____

❸ 내일 / 일본 / 외국 친구 / 오다

_____

❹ 어디 / 화장실 / 있다

_____

(1-54) **表現練習2** 次の説明をよく読み、絵の [　　　　　] に該当する人物の名前を韓国語で書いてみましょう。

제 앞에 사토 씨가 있습니다.
사토 씨는 하야시 씨 뒤에 있습니다.
스즈키 씨는 하야시 씨 오른쪽에 있습니다.
다나카 씨 옆에는 사토 씨가 있습니다. 야마모토 씨도 있습니다.
기무라 씨는 야마모토 씨 앞에 있습니다.

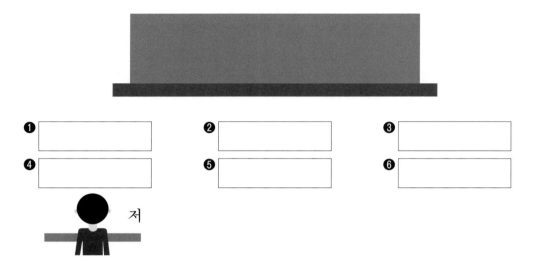

❶ [　　　　　　　]　❷ [　　　　　　　]　❸ [　　　　　　　]

❹ [　　　　　　　]　❺ [　　　　　　　]　❻ [　　　　　　　]

저

일요일	아르바이트	방	일본	외국	화장실	～에는
日曜日	アルバイト	部屋	日本	外国	トイレ	～には

会話練習1 例のように会話してみましょう。

（例）Aは明日学校に行くかを聞き、Bは行くと答えてみましょう。

A：**내일 학교에 갑니까?**（明日学校に行きますか。）

B：**네, 내일 학교에 갑니다.**（はい、明日学校に行きます。）

❶ Aは今郵便局に行くかを聞き、Bは行くと答えてみましょう。

A：_____

B：_____

❷ Aは学校にかばんがあるかを聞き、Bはあると答えてみましょう。

A：_____

B：_____

❸ Aは午後にどこに行くかを聞き、Bは映画館に行くと答えてみましょう。

A：_____

B：_____

❹ Aはいつアルバイトをするかを聞き、Bは日曜日にアルバイトをすると答えてみましょう。

A：_____

B：_____

오후	영화관	언제
午後	映画館	いつ

会話練習2 例のように会話してみましょう。（答えは位置名詞を使う）

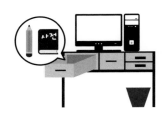

（例）かばんはどこにあるか聞いてみましょう。

A：가방은 어디에 있습니까?　（かばんはどこにありますか。）

B：가방은 침대 위에 있습니다.　（かばんはベッドの上にあります。）

❶ 机はどこにあるか聞いてみましょう。

A：＿＿＿＿＿＿＿＿＿＿＿＿＿＿＿＿＿＿＿＿＿

B：＿＿＿＿＿＿＿＿＿＿＿＿＿＿＿＿＿＿＿＿＿

❷ 時計はどこにあるか聞いてみましょう。

A：＿＿＿＿＿＿＿＿＿＿＿＿＿＿＿＿＿＿＿＿＿

B：＿＿＿＿＿＿＿＿＿＿＿＿＿＿＿＿＿＿＿＿＿

❸ ゴミ箱はどこにあるか聞いてみましょう。

A：＿＿＿＿＿＿＿＿＿＿＿＿＿＿＿＿＿＿＿＿＿

B：＿＿＿＿＿＿＿＿＿＿＿＿＿＿＿＿＿＿＿＿＿

❹ 引き出しの中には何があるか聞いてみましょう。

A：＿＿＿＿＿＿＿＿＿＿＿＿＿＿＿＿＿＿＿＿＿

B：＿＿＿＿＿＿＿＿＿＿＿＿＿＿＿＿＿＿＿＿＿

침대	휴지통	서랍
ベッド	ゴミ箱	引き出し

제 **6** 과 저는 아침을 안 먹습니다.

学習目標	■ 動詞の否定形
	■ 助詞　～에서

1-57

이민영 : 스즈키 씨는 아침을 먹습니까?

스즈키 : 네, 저는 보통 빵을 먹습니다.

　　　　민영 씨는 어떻습니까?

이민영 : 저는 아침을 안 먹습니다.

스즈키 : 왜 먹지 않습니까?

이민영 : 요즘 다이어트를 합니다.

　　　　주말에는 체육관에서 운동도 합니다.

아침	안~	보통	어떻습니까?	왜
朝(ご飯)	～ない(否定)	普段、普通	どうですか	なぜ、どうして
~지 않다	**다이어트**	**체육관**	**~에서**	
～ない(否定)	ダイエット	体育館	～で	

53

表現 1 안~ / ~지 않다 (～ない)

意 味

・動詞の否定形であり、二つのパターンがある。

形 式

(1) 안 + 動詞

例) **가다** (行く)   → **안 가다** →   **안 갑니다**

　　먹다 (食べる) → **안 먹다** →   **안 먹습니다**

「名詞 + 하다」の形をしている動詞は名詞と「하다」の間に「안」を入れる。

운동하다 (運動する) → **운동 안 하다** (○) **안 운동하다** (×)

(2) 動詞の語幹 + 지 않다

例) **가다** (行く)   → **가지 않다** →   **가지 않습니다**

　　먹다 (食べる) → **먹지 않다** →   **먹지 않습니다**

　　운동하다 (運動する) → **운동하지 않다** → **운동하지 않습니다**

例 文

(1-58)

① 제 친구는 드라마를 안 봅니다 / 보지 않습니다.　　私の友達はドラマを見ません。

② 아버지는 담배를 안 피웁니다 / 피우지 않습니다.　父はタバコを吸いません。

③ 저는 음악을 안 듣습니다 / 듣지 않습니다.　　私は音楽を聴きません。

④ 제 남동생은 공부 안 합니다 / 공부하지 않습니다.　私の弟は勉強しません。

⑤ 내일은 청소 안 합니다 / 청소하지 않습니다.　　明日は掃除しません。

注 意

・否定表現として「안」と「～지 않다」を一緒に使うことはできない。

　例)お酒を飲みません。

　　(×)**술을 안 마시지 않습니다**

・「있다」の否定形に関しては「안 있다」や「있지 않다」ではなく、「없다」という単語を用いることに注意しよう!

　例)私はお金がありません。

　　(×)**저는 돈이 안 있습니다 / 있지 않습니다.**

　　(○)**저는 돈이 없습니다.**

드라마	담배를 피우다	음악	공부하다	청소하다
ドラマ	タバコを吸う	音楽	勉強する	掃除する

表現 2　〜에서 (〜で)

意味

・動作が行われる場所を表す助詞。

形式

・名詞末のパッチム有無に関係なく: 名詞＋에서

例) 학교(学校) → **학교에서**　　　　공원(公園) → **공원에서**

例文

① 서점에서 스포츠 잡지를 삽니다.　　本屋でスポーツの雑誌を買います。

② 대학교에서 공부를 합니다.　　大学で勉強をします。

③ 커피숍에서 아르바이트를 합니다.　　コーヒーショップでアルバイトをします。

④ 서울역에서 지하철을 탑니다.　　ソウル駅で地下鉄に乗ります。

⑤ A:점심은 어디에서 먹습니까?　　昼ご飯はどこで食べますか。

　　B:학교 식당에서 먹습니다.　　学校の食堂で食べます。

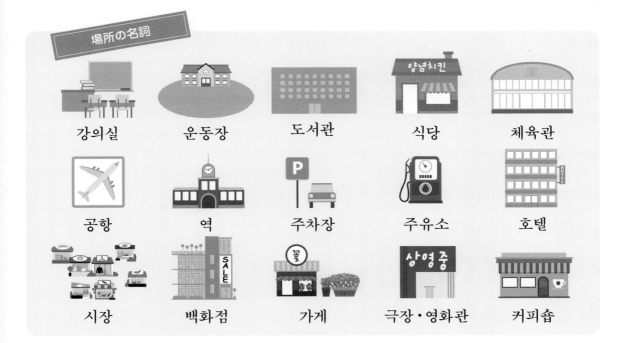

場所の名詞

강의실　　운동장　　도서관　　식당　　체육관

공항　　역　　주차장　　주유소　　호텔

시장　　백화점　　가게　　극장·영화관　　커피숍

서점	스포츠	커피숍	서울역	타다	점심
本屋	スポーツ	コーヒーショップ	ソウル駅	乗る	昼(ご飯)

表現練習1 次の動詞の否定形を作ってみましょう。ただし、「〜ㅂ니다/습니다」形にすること。

	안 〜ㅂ니다/습니다	〜지 않습니다
찾다 (探す)	안 찾습니다	찾지 않습니다
만나다 (会う)		
찍다 (撮る)		
운동하다 (運動する)		
기다리다 (待つ)		
운전하다 (運転する)		
일어나다 (起きる)		
놀다 (遊ぶ)		

表現練習2 例のように（　　）の中に「에」あるいは「에서」、どちらかを選んで書いてみましょう。

（例）내일 병원（　에　）갑니다. （明日病院に行きます。）

❶ 제 친구는 매일 우리 집（　　　　）옵니다.

❷ 제 친구는 매일 우리 집（　　　　）공부합니다.

❸ 김치는 시장（　　　　）삽니다.

❹ 김치는 시장（　　　　）있습니다.

❺ 한국 친구가 내일 도쿄（　　　　）기다립니다.

❻ 한국 친구가 내일 도쿄（　　　　）옵니다.

❼ 일요일（　　　）집（　　　）한국 드라마를 봅니다.

❽ 여기（　　　）누구를 만납니까?

❾ 주말（　　　）공원（　　　）놉니다.

우리 집	시장	도쿄	여기
我が家	市場	東京	ここ

会話練習1 例のように会話してみましょう。

（例）Aは今テレビを見ているかを聞き、Bは否定の表現で答えてみましょう。　　　1-60

　　　A：지금 텔레비전을 봅니까?　（今テレビを見ていますか。）

　　　B：아뇨, 안 봅니다/보지 않습니다.　（いいえ、見ていません。）

❶ Aは今ご飯を食べているかを聞き、Bは否定の表現で答えてみましょう。

　　A：＿＿＿＿＿＿＿＿＿＿＿＿＿＿＿＿＿＿＿＿＿＿＿＿＿＿＿＿＿＿＿

　　B：＿＿＿＿＿＿＿＿＿＿＿＿＿＿＿＿＿＿＿＿＿＿＿＿＿＿＿＿＿＿＿

❷ Aは子どもが寝ているかを聞き、Bは否定の表現で答えてみましょう。

　　A：＿＿＿＿＿＿＿＿＿＿＿＿＿＿＿＿＿＿＿＿＿＿＿＿＿＿＿＿＿＿＿

　　B：＿＿＿＿＿＿＿＿＿＿＿＿＿＿＿＿＿＿＿＿＿＿＿＿＿＿＿＿＿＿＿

❸ Aは最近運動をしているかを聞き、Bは否定の表現で答えてみましょう。

　　A：＿＿＿＿＿＿＿＿＿＿＿＿＿＿＿＿＿＿＿＿＿＿＿＿＿＿＿＿＿＿＿

　　B：＿＿＿＿＿＿＿＿＿＿＿＿＿＿＿＿＿＿＿＿＿＿＿＿＿＿＿＿＿＿＿

❹ Aは今日友達に会うかを聞き、Bは否定の表現で答えてみましょう。

　　A：＿＿＿＿＿＿＿＿＿＿＿＿＿＿＿＿＿＿＿＿＿＿＿＿＿＿＿＿＿＿＿

　　B：＿＿＿＿＿＿＿＿＿＿＿＿＿＿＿＿＿＿＿＿＿＿＿＿＿＿＿＿＿＿＿

아이	자다
子ども	寝る

会話練習2 例のように会話してみましょう。

（例）Aは明日学校で勉強するかを聞き、Bは否定の表現で答えてみましょう。

> A: 내일 학교에서 공부합니까? （明日学校で勉強しますか。）
>
> B: 아뇨, 학교에서 공부 안 합니다. （いいえ、学校で勉強しません。）

❶ Aは週末に、食堂でアルバイトするかを聞き、Bは肯定の表現で答えてみましょう。

A : _____

B : _____

❷ Aは靴下をデパートで買うかを聞き、Bは否定の表現で答えてみましょう。

A : _____

B : _____

❸ Aは普段、どこでバスに乗るかを聞き、Bは大学の前で乗ると答えてみましょう。

A : _____

B : _____

❹ Aは明後日、どこでサッカーの試合をするかを聞き、Bは学校の運動場ですると答えてみましょう。

A : _____

B : _____

아르바이트하다	양말	백화점	축구	시합	운동장
アルバイトする	靴下	デパート	サッカー	試合	運動場

제 7 과　생일이 몇 월 며칠입니까?

| 学 習 目 標 | ■ 漢数字　일, 이, 삼… |
| | ■ 日付の表現　년, 월, 일, 요일など |

다나카 : 유미 씨, 생일이 몇 월 며칠입니까?

이유미 : 제 생일은 사월 이십구일입니다.

이번 주 토요일입니다.

다나카 : 생일날에는 무엇을 합니까?

이유미 : 집 근처 백화점에서 쇼핑을 합니다.

그리고 저녁에는 친구를 만납니다.

술도 마십니다.

몇	~월	며칠	사	이십구	~일
何(数字)	~月	何日	四	二十九	~日
토요일	생일날	쇼핑	저녁	술	
土曜日	誕生日の日	ショッピング	夕方	酒	

表現　1　일, 이, 삼 … (いち、に、さん…)

意味

- 漢数字
- 年月日、金額、電話番号、計算などで用いられる。

種類

0	1	2	3	4	5	6	7	8	9	10
영/공	일	이	삼	사	오	육	칠	팔	구	십

11	12	13	14	15	16	17	18	19	20
십일	십이	십삼	십사	십오	십육	십칠	십팔	십구	이십

30	40	50	60	70	80	90
삼십	사십	오십	육십	칠십	팔십	구십

100	1,000	10,000	十万	百万	千万	一億
백	천	만	십만	백만	천만	일억

注意

- 육 (6) の前に십 (10) が位置する場合、発音する際、[시뷱]ではなく[심뉵]であることに気をつけること。
- 日本語の場合、万単位から「一」をつけて、10,000を「一万」というが、韓国語の場合は億単位から「일」をつける。

例文

① 이 옷은 25,000원입니다.　　　　　　この服は 25,000ウォンです。

② 진우 씨 전화번호는 050-1357-2468입니다.　ジンウさんの電話番号は 050-1357-2468です。*

③ 제 학번은 14578963번입니다.　　　　私の学籍番号は 14578963番です。

> ＊電話番号の場合、「－(ハイフン)」は「에」と読む。

옷	~원	전화번호	학번	~번
服	~ウォン(韓国の通貨単位)	電話番号	学籍番号	~番

년, 월, 일, 요일 (年、月、日、曜日)

● ～年

2019年　이천십구년　　　　1年　일년

● ～月

1月	2月	3月	4月	5月	6月	7月	8月	9月	10月	11月	12月
일월	이월	삼월	사월	오월	유월	칠월	팔월	구월	시월	십일월	십이월

注意

・6月と10月の場合、書き方及び発音に気をつけること。

例）6月　→　**육월**(×)　**유월**(○)　　　　10月　→　**십월**(×)　**시월**(○)

● ～日

1日	2日	3日	4日	5日	6日	7日	8日	9日	10日
일일	이일	삼일	사일	오일	육일	칠일	팔일	구일	십일
11日	12日	13日	14日	15日	16日	17日	18日	19日	20日
십일일	십이일	십삼일	십사일	십오일	십육일	십칠일	십팔일	십구일	이십일
21日	22日	23日	24日	25日	26日	27日	28日	29日	30日
이십일일	이십이일	이십삼일	이십사일	이십오일	이십육일	이십칠일	이십팔일	이십구일	삼십일

31日
삼십일일

● 曜日

月曜日	火曜日	水曜日	木曜日	金曜日	土曜日	日曜日
월요일	화요일	수요일	목요일	금요일	토요일	일요일

例 文

① 오늘은 5월 16일입니다.　　　　今日は5月16日です。

② 내일은 7월 29일 금요일입니다.　　明日は7月29日金曜日です。

③ 우리 결혼 기념일은 6월 30일입니다.　私達の結婚記念日は6月30日です。

우리	결혼	기념일
私たち	結婚	記念日

表現	**3**	**몇 ～ / 무슨～** (何、何の～)

意味

・数字や数量などを求める質問は「몇～」、ものの内容や性質を求める質問は「무슨～」を使う。

形式

・몇 ＋ 名詞 　　　　　　　　　　　　・무슨 ＋ 名詞

例）**몇 월**(何月)　　**몇 번**(何番)　　　例）**무슨 요일**(何曜日)　　**무슨 책**(何の本)

注意

・「何日」の場合には、「몇 일」ではなく、「며칠」であることに注意しよう。

・「몇 월」は [며뒬] と発音する。

例文

1-69

① A:유미 씨 생일은 몇 월 며칠입니까?　　　ユミさんの誕生日は何月何日ですか。

　 B:10월 15일입니다.　　　　　　　　　　10月15日です。

② A:무슨 요일에 아르바이트를 합니까?　　何曜日にアルバイトをしますか。

　 B:토요일에 아르바이트를 합니다.　　　　土曜日にアルバイトをします。

③ A:이것은 무슨 책입니까?　　　　　　　　これは何の本ですか。

　 B:그것은 소설책입니다.　　　　　　　　それは小説です。

● 使える時間表現のまとめ ●

그저께 一昨日	어제 昨日	오늘 今日	내일 明日	모레 あさって
아침 朝	점심 昼	저녁 夕方	밤 夜	새벽 明け方
오전 午前	오후 午後			

지난주 先週	이번 주 今週	다음 주 来週	
주말 週末	지난 주말 先週末	이번 주말 今週末	다음 주말 来週末
지난달 先月	이번 달 今月	다음 달 来月	
작년 去年	금년/올해 今年	내년 来年	

注意

・「그저께/어제/오늘/내일/모레」の場合、基本的に助詞「～에」がつくことはないが、それ以外のものに関しては助詞「～에」をつけること。

例）**아침에**　　**오후에**　　**지난주에**　　**다음 달에**　　**금년에**

신체명칭 身体名称

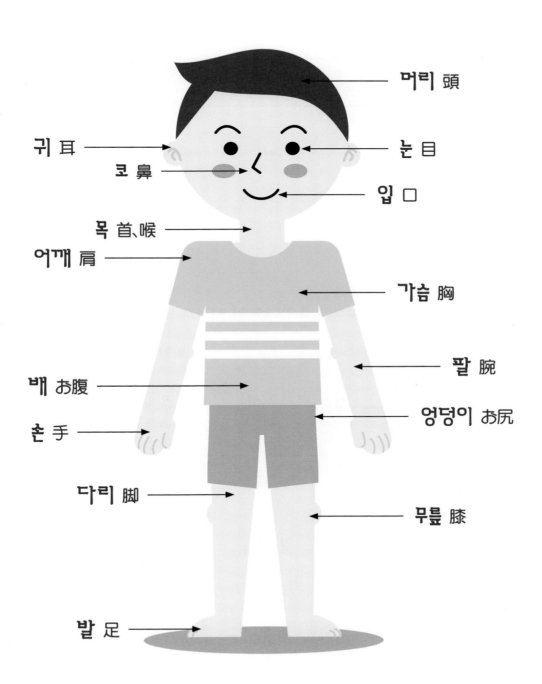

머리 頭

귀 耳

눈 目

코 鼻

입 口

목 首、喉

어깨 肩

가슴 胸

팔 腕

배 お腹

엉덩이 お尻

손 手

다리 脚

무릎 膝

발 足

表現練習1　例のように数字をハングルで書いてみましょう。

(例)	13	___십삼___

❶ 28　　　_____

❷ 451　　_____

❸ 3,847　_____

❹ 59,800　_____

❺ 275,163　_____

❻ 8,091,016　_____

表現練習2　今年のカレンダーを見ながら、次の文を完成しましょう。(ただし、数字は必ずハングルで書く)

❶ 크리스마스는 _____월 _____일 _____요일입니다.

❷ 밸런타인데이는 _____월 _____일 _____요일입니다.

❸ 화이트데이는 _____월 _____일 _____요일입니다.

❹ 설날은 _____월 _____일 _____요일입니다.

❺ 어린이날은 _____월 _____일 _____요일입니다.

크리스마스	밸런타인데이	화이트데이	설날	어린이날
クリスマス	バレンタインデー	ホワイトデー	お正月	子どもの日

（例）今日は何月何日かを聞いてみましょう。 1-70

     A：오늘은 몇 월 며칠입니까? （今日は何月何日ですか。）

     B：오늘은 유월 이십칠일입니다. （今日は6月27日です。）

❶ 明日は何月何日かを聞いてみましょう。

  A：＿＿＿＿＿＿＿＿＿＿＿＿＿＿＿＿＿＿＿＿＿＿＿＿＿＿＿＿＿＿＿

  B：＿＿＿＿＿＿＿＿＿＿＿＿＿＿＿＿＿＿＿＿＿＿＿＿＿＿＿＿＿＿＿

❷ 相手の電話番号を聞いてみましょう。

  A：＿＿＿＿＿＿＿＿＿＿＿＿＿＿＿＿＿＿＿＿＿＿＿＿＿＿＿＿＿＿＿

  B：＿＿＿＿＿＿＿＿＿＿＿＿＿＿＿＿＿＿＿＿＿＿＿＿＿＿＿＿＿＿＿

❸ 相手の誕生日はいつなのかを聞いてみましょう。

  A：＿＿＿＿＿＿＿＿＿＿＿＿＿＿＿＿＿＿＿＿＿＿＿＿＿＿＿＿＿＿＿

  B：＿＿＿＿＿＿＿＿＿＿＿＿＿＿＿＿＿＿＿＿＿＿＿＿＿＿＿＿＿＿＿

❹ 相手の学籍番号を聞いてみましょう。

  A：＿＿＿＿＿＿＿＿＿＿＿＿＿＿＿＿＿＿＿＿＿＿＿＿＿＿＿＿＿＿＿

  B：＿＿＿＿＿＿＿＿＿＿＿＿＿＿＿＿＿＿＿＿＿＿＿＿＿＿＿＿＿＿＿

会話練習2 例のように会話してみましょう。

（例）今日は何曜日かを聞いてみましょう。

A : 오늘은 무슨 요일입니까? （今日は何曜日ですか。）

B : 오늘은 월요일입니다. （今日は月曜日です。）

❶ アルバイトは何曜日にするかを聞いてみましょう。

A : _____

B : _____

❷ 相手の持っている本やノートなどを指し、何の本あるいはノートかを聞いてみましょう。

A : _____

B : _____

❸ 相手に週末は何の運動をするかを聞いてみましょう。

A : _____

B : _____

❹ 相手に今日の午後、何の勉強をするかを聞いてみましょう。

A : _____

B : _____

住めば都？

韓国では靴を脱いで上がる座敷タイプのお店が多いのですが、このときに無意識に正座や正座を崩した座り方をしていると、편하게 앉으세요（楽に座ってください）と言われることが何度かありました。正座は叱られる時や謝るときなど、特別な時にしかしない

韓国伝統家屋

「お仕置きのときの座り方」なので、苦しそうに見えるのだそうです。

　ではどのように座るのかというと、男女問わずあぐらのような座り方が一般的です。これには韓国のオンドル文化が関係しているとされています。伝統的には一段床を低くした台所のかまどで火をたくと、その暖かい煙が家の床下を通り、外にある煙突から出ていき床が暖かくなる仕組みでした。現代ではボイラーを利用して熱湯をパイプで循環させる方式が主です。床の熱がよく伝わるように座布団や布団は薄めなので、初めてオンドルの部屋に泊まったときには体中が痛くなってしまいました。このような住居文化から、男性はあぐら、女性もあぐらか足の片方を立ててお尻が床につくような座り方になったと考えられます（この女性の立膝スタイルは、韓国の伝統衣装である한복[韓服]を着た時にきれいに見える座り方とも言われています）。

　また、私が韓国の住生活で大きな衝撃を受けたことの一つがトイレでした。今は少しずつ変わってきていますが、当時は公共の場所では使用後のトイレットペーパーを流さずにゴミ箱に捨てなければならないところがほとんどだったため、かなり抵抗がありました。もう一つは、韓国の一般的なワンルームではトイレとシャワーが同じ空間にあることです。ユニットバスから浴槽とシャワーカーテンをとった状態です。仕方なくシャワーカーテンを買ってきて、間に取り付けて使用していました。郷に入れば郷に従え、とは言いますが、文化や習慣を理解した上で自分なりにカスタマイズして生活するのも一つの方法だと思います。

잠깐만 2 ▶ 第8課に入る前に

第8課では韓国語の形容詞について学習しますが、その仕組みについて少し勉強しておきましょう!

形容詞は動詞のように文の中で述語として良く使われるものですね。日本語の形容詞は基本形が「い」で終わるため (例えば、「良い、暑い、美しい」など)、形だけで動詞と区別することができます。

それに対して、韓国語の形容詞は基本形が動詞の基本形と同じ仕組み、つまり「語幹+다」の形を取っています。そのため、基本形の形だけで動詞か形容詞かの区別はできないのです。その区別は意味によって判断するしかありません。おおむね、日本語における形容詞が韓国語でも形容詞に対応すると考えて問題はありません (ただし、例外もあります)。

※基本的な韓国語の形容詞

韓国語	日本語	韓国語	日本語
크다	大きい	작다	小さい
많다	多い	적다	少ない
길다	長い	짧다	短い
무겁다	重い	가볍다	軽い
빠르다	速い	느리다	遅い (スピード)
이르다	早い	늦다	遅い (時間)
쉽다	易しい／簡単だ	어렵다	難しい
덥다	暑い	춥다	寒い
따뜻하다	暖かい	시원하다	涼しい
싸다	安い	비싸다	高い (値段)
좋다	よい	나쁘다	悪い
바쁘다	忙しい	즐겁다	楽しい
재미있다	面白い	재미없다	面白くない
맛있다	美味しい	맛없다	まずい
멋있다	格好いい	멋없다	格好悪い
예쁘다	綺麗だ	귀엽다	かわいい

제 **8** 과 한국어는 쉽습니까?

学習目標	■ 形容詞の丁寧表現
	■ 遠近表現　〜에서 가깝다 / 멀다

이유미 : 요즘 저녁에 외국어 학원에서 일본어를

공부합니다. 너무 어렵습니다.

다나카 씨, 한국어는 쉽습니까?

다나카 : 한국어도 그렇게 쉽지 않습니다.

발음이 어렵습니다.

이유미 : 그런데 학교 생활은 어떻습니까?

다나카 : 학교 생활은 재미있습니다.

하지만 학교가 집에서 아주 멉니다.

외국어	학원	너무	그렇게	발음	그런데
外国語	スクール(民間)	とても	そんなに	発音	ところで
생활	하지만	〜에서	아주	멀다	
生活	しかし	〜から	とても	遠い	

表現 1　〜ㅂ니다 / 습니다 （形容詞＋です）

意味

・形容詞の丁寧形。

形式

・動詞の「〜ㅂ니다 / 습니다」形の活用形と同様である。

・語幹末にパッチム無: 語幹＋ㅂ니다 ／語幹＋ㅂ니까?（疑）

　例）예쁘다（綺麗だ）→　예쁩니다 / 예쁩니까?

・語幹末にパッチム有: 語幹＋습니다 ／語幹＋습니까?（疑）

　例）좋다（よい）→　좋습니다 / 좋습니까?

・語幹末にパッチム「ㄹ」: ㄹを外した語幹＋ㅂ니다 ／ㄹを外した語幹＋ㅂ니까?（疑）

　例）길다（長い）→　깁니다 / 깁니까?

他の表現との関係

否定形
안 예쁩니다 / 예쁘지 않습니다
안 좋습니다 / 좋지 않습니다
안 깁니다 / 길지 않습니다

※ 形容詞の否定形は基本的に動詞の否定形（第6課）と同様である。

例文

① 요즘 회사가 아주 바쁩니다.　　　　　　　最近会社がとても忙しいです。

② 오늘은 공원에 사람들이 많습니다.　　　　今日は公園に人が多いです。

③ 오늘 날씨는 조금 춥습니다*.　　　　　　今日はちょっと寒いです。

④ 제 남자 친구는 키가 큽니다**.　　　　　私の彼氏は背が高いです。

> ＊「날씨」は日本語で「天気」に対応するものであるが、日本語の「天気」は空の状態（晴れ／曇り／雨…）だけに限定して表現する単語であるのに対して、韓国語の「날씨」は空の状態だけではなく、気候における全般（寒い／暑い／涼しい…）を網羅しているため、「날씨가 춥다 / 덥다（天気が寒い／暑い）」とも言える。
>
> ＊＊「背が高い／低い」は韓国語で「키가 크다 / 작다」である。「키」は日本語の「背」、「크다 / 작다」は「大きい／小さい」に対応するものであるが、韓国では慣用的に「키가 크다 / 작다」と表現することに注意しよう。

회사	사람	많다	날씨	조금	남자 친구	키	키가 크다
会社	人	多い	天気	ちょっと、少し	彼氏	背	背が高い

表現 **2**	~에서 가깝다 / 멀다 （～から近い／遠い）

形　式

・名詞（場所）＋에서　가깝다　　・名詞（場所）＋에서　멀다

他の表現との関連

～ㅂ니다 / 습니다形
~에서　가깝습니다 ~에서　멉니다

注　意

・ここで使われる助詞「에서」は第6課で学習した「動作が行われる場所を表す」助詞ではなく、「ある出来事の出発点や始まりの時点を表す」助詞である。

例　文

1-74

① A：학교는 집에서 가깝습니까?　　　　　　　　学校は家から近いですか。

　 B：네, 학교는 집 뒤에 있습니다. 그래서 집에서 가깝습니다.

　　　はい、学校は家の裏側にあります。だから、家から近いです。

② A：지하철역은 어디에 있습니까?　　　　　　　地下鉄の駅はどこにありますか。

　 B：시장 근처에 있습니다. 여기에서 조금 멉니다. 市場の近くにあります。ここからちょっと遠いです。

③ 공항은 시내에서 가깝지 않습니다. 아주 멉니다.

　　　空港は市内から近くありません。とても遠いです。

그래서	시내
だから	市内

表現練習1 次の形容詞の基本形を「～ㅂ니다/습니다」形と「～ㅂ니까?/습니까?」形に活用してみましょう。

	～ㅂ니다 / 습니다	～ㅂ니까? / 습니까?
쉽 다（易しい）	쉽습니다	쉽습니까?
춥 다（寒い）		
어 렵 다（難しい）		
많 다（多い）		
크 다（大きい）		
비 싸 다（高い）		
빠 르 다（速い）		
맛 있 다（おいしい）		
멀 다（遠い）		
재 미 있 다（面白い）		

表現練習2 例のように作文してみましょう。

（例） ENGLISH?? 영어 공부는 어렵습니다. （英語の勉強は難しいです。）

❶  일본 날씨는 _____

❷ 다로 씨는 키가 _____

❸ 370,000원 이 옷은 가격이 _____

❹ 이 영화는 _____

❺  おいしい！ 불고기는 _____

가격
価格

（例）Aは韓国語の勉強はどうかを聞き、Bは「難しい」が「面白い」と言ってみましょう。

1-75

A : 한국어 공부는 어떻습니까? (韓国語の勉強はどうですか。)

B : 한국어 공부는 어렵습니다. 하지만 재미있습니다.

（韓国語の勉強は難しいです。しかし、面白いです。）

❶ Aはその服はどうかを聞き、Bは「ちょっと高い」が「デザインが良い」と言ってみましょう。

A : _____

B : _____

❷ Aは韓国の冬はどうかを聞き、Bは「寒い」が「家の中は暖かい」と言ってみましょう。

A : _____

B : _____

❸ Aはあの公園はどうかを聞き、Bは「小さい」が「きれいだ」と言ってみましょう。

A : _____

B : _____

❹ Aはこの食堂の料理はどうかを聞き、Bは「値段が高い」が「美味しくない」と言ってみましょう。

A : _____

B : _____

디자인	겨울	따뜻하다	요리
デザイン	冬	暖かい	料理

会話練習2 例のように会話してみましょう。

（例）学校が寮から遠いかを聞いてみましょう。

A：학교는 기숙사에서 멉니까? （学校は寮から遠いですか。）

B：(肯定) 네, 기숙사에서 멉니다. （はい、寮から遠いです。）

(否定) 아뇨, 기숙사에서 안 멉니다. /아뇨, 기숙사에서 멀지 않습니다.
（いいえ、寮から遠くありません。）

❶ 大阪は東京から遠いかを聞いてみましょう。

A：＿＿＿＿＿＿＿＿＿＿＿＿＿＿＿＿＿＿＿＿＿＿＿＿＿＿

B：＿＿＿＿＿＿＿＿＿＿＿＿＿＿＿＿＿＿＿＿＿＿＿＿＿＿

❷ 韓国は日本から遠いかを聞いてみましょう。

A：＿＿＿＿＿＿＿＿＿＿＿＿＿＿＿＿＿＿＿＿＿＿＿＿＿＿

B：＿＿＿＿＿＿＿＿＿＿＿＿＿＿＿＿＿＿＿＿＿＿＿＿＿＿

❸ 相手の家はここから近いかを聞いてみましょう。

A：＿＿＿＿＿＿＿＿＿＿＿＿＿＿＿＿＿＿＿＿＿＿＿＿＿＿

B：＿＿＿＿＿＿＿＿＿＿＿＿＿＿＿＿＿＿＿＿＿＿＿＿＿＿

❹ 駐車場はここから近いかを聞いてみましょう。

A：＿＿＿＿＿＿＿＿＿＿＿＿＿＿＿＿＿＿＿＿＿＿＿＿＿＿

B：＿＿＿＿＿＿＿＿＿＿＿＿＿＿＿＿＿＿＿＿＿＿＿＿＿＿

기숙사
寮

제 **9** 과 오늘 점심은 어디서 먹어요?

学習目標	■ 丁寧表現　〜아요 / 어요形（パッチム有）
	■ ㅂ変則活用の〜아요 / 어요形

2-1

김지수 : 스즈키 씨, 오늘 점심은 어디서 먹어요?

스즈키 : 한식은 어때요?

　　　　이 근처에 한식집이 많아요.

　　　　우리 회사 바로 옆에도 있어요.

김지수 : 그 식당은 무슨 음식이 맛있어요?

스즈키 : 비빔밥이 아주 맛있어요.

　　　　근데 조금 매워요.

〜서(←에서)	한식	한식집	우리 회사	바로
〜で	韓国料理	韓国料理屋	私たちの会社、うちの会社	すぐ
〜에도	음식	비빔밥	근데(←그런데)	맵다
〜にも	食べ物	ビビンバ	しかし、ところで	辛い

表現 1　パッチム有の ～아요 / 어요形 (動:～ます・ています/形:～です)

意味

・「～ㅂ니다 / 습니다」形より、うちとけた印象を与える丁寧形で、日常会話でよく使われる。

形式

・語幹末の母音が「ㅏ/ㅗ」の場合: 語幹＋아요／語幹＋아요?(疑)

　例) **작다**(小さい) → **작아요 / 작아요?**

・語幹末の母音が「ㅏ/ㅗ」以外の場合: 語幹＋어요／語幹＋어요?(疑)

　例) **먹다**(食べる) → **먹어요 / 먹어요?**

※「パッチム無の～아요 / 어요形」は第10課。

2-2 **例文**

① 남동생보다 키가 작아요.　　　弟より背が低いです。

② 오늘은 친구 집에서 놀아요.　　今日は友達の家で遊びます。

③ 스즈키 씨는 어디에 살아요?　　鈴木さんはどこに住んでいますか。

④ 어머니 요리는 정말 맛있어요.　お母さんの料理は本当においしいです。

⑤ 그 가게는 저녁에 문을 열어요.　その店は夕方にオープンします。

表現 2　ㅂ変則活用の ～아요 / 어요形

意味

・パッチムのうち一部は、母音で始まる「～아요/어요」形の前で変則活用する。語幹が「ㅂ」で終わる動詞・形容詞の多くは「ㅂ」が「우」に変わる。

・パッチム「ㅂ」が変則活用するものには次のようなものがある。

　動　詞: 눕다(横になる), 굽다(焼く), 줍다(拾う)

　形容詞: 쉽다(易しい), 어렵다(難しい), 덥다(暑い), 가깝다(近い), 춥다(寒い)…

키가 작다	정말	가게	문을 열다
背(身長)が低い	本当に、とても	お店	オープンする、開店する

形式

・「ㅂ」が「우」に変わり、아／어と統合して「워」になる。

例）눕다　→　누우 + 어요　→　누워요

　　쉽다　→　쉬우 + 어요　→　쉬워요

注意

・「～ㅂ니다/습니다」形や否定形の「～지 않다」形は母音で始まる語尾ではないため、パッチム「ㅂ」は変則活用しないことに注意しよう。

例）눕다　→　눕습니다/눕지 않아요

　　쉽다　→　쉽습니다/쉽지 않아요

例文

① 생선을 구워요.　　　　　　　　　魚を焼きます。

② 오늘은 날씨가 더워요.　　　　　今日は暑いです。

③ 아침은 아직 추워요.　　　　　　朝はまだ寒いです。

④ 영어는 문법이 아주 어려워요.　英語は文法がとても難しいです。

⑤ 미호 씨 대학교는 여기서 가까워요?　ミホさんの大学はここから近いですか。

잔소리　パッチムㅂの規則と変則について

　語幹末のパッチムが「ㅂ」で終わる動詞・形容詞の中には規則的に活用するものと変則的に活用するものがあります。規則的に活用するものは次の通りです。

　・動　詞：입다（着る），잡다（握る），접다（折る），씹다（噛む），뽑다（抜く）…
　・形容詞：좁다（狭い）

　形容詞は一つしかありませんね。それに対して変則的に活用するものは、 表現2 で紹介したように動詞は少なく、形容詞が多いです。「ㅂ変則」は第9課では「～아요/어요」形に限定して紹介しましたが、それだけではなく母音「～으」と結合する際は、「ㅂ」が母音の「우」に変わります。

생선	아직	문법	여기서(←여기에서)
魚	まだ	文法	ここから

表現練習1 次の動詞を「〜ㅂ니다/습니다」形と「〜아요/어요」形に活用してみましょう。

	〜ㅂ니다/습니다	〜아요/어요
놀 다 （遊ぶ）	놉니다	놀아요
웃 다 （笑う）		
읽 다 （読む）		
멀 다 （遠い）		
입 다 （着る）		
찾 다 （探す）		
앉 다 （座る）		
울 다 （泣く）		
받 다 （もらう）		

表現練習2 次の形容詞を「〜ㅂ니다/습니다」形と「〜아요/어요」形に活用してみましょう。

	〜ㅂ니다/습니다	〜아요/어요
무 겁 다 （重い）	무겁습니다	무거워요
쉽 다 （易しい）		
어 렵 다 （難しい）		
덥 다 （暑い）		
춥 다 （寒い）		
맵 다 （辛い）		
고 맙 다 （ありがたい）		

（例） 夕食はどこで食べるかを聞いてみましょう。

(2-4)

A : 저녁은 어디서 먹어요?（夕食はどこで食べますか。）

B : 학생 식당에서 먹어요.（学生食堂で食べます。）

❶

市場で何を売っているかを聞いてみましょう。

A :＿＿＿＿＿＿＿＿＿＿＿＿＿＿＿＿＿＿＿＿＿

B :＿＿＿＿＿＿＿＿＿＿＿＿＿＿＿＿＿＿＿＿＿

❷ 部屋で誰が泣いているかを聞いてみましょう。

A :＿＿＿＿＿＿＿＿＿＿＿＿＿＿＿＿＿＿＿＿＿

B :＿＿＿＿＿＿＿＿＿＿＿＿＿＿＿＿＿＿＿＿＿

❸

お父さんは今日も遅いかを聞いてみましょう。

A :＿＿＿＿＿＿＿＿＿＿＿＿＿＿＿＿＿＿＿＿＿

B :＿＿＿＿＿＿＿＿＿＿＿＿＿＿＿＿＿＿＿＿＿

❹

お正月に何を着るかを聞いてみましょう。

A :＿＿＿＿＿＿＿＿＿＿＿＿＿＿＿＿＿＿＿＿＿

B :＿＿＿＿＿＿＿＿＿＿＿＿＿＿＿＿＿＿＿＿＿

학생 식당	팔다	사과	아기	늦다
学生食堂	売る	りんご	赤ちゃん	（時間が）遅い

会話練習2 例のように会話してみましょう。（質問も答えも「〜아요/어요」形にする）

2-5

(例) Aは今日暑いかを聞き、Bは暑くないと答えてみましょう。

A：오늘 날씨는 더워요? （今日は暑いですか。）

B：아뇨, 안 더워요/덥지 않아요. （いいえ、暑くありません。）

❶ Aはスープは熱いかを聞き、Bは熱いと答えてみましょう。

A： _____

B： _____

❷ Aはその問題は難しいかを聞き、Bは難しくないと答えてみましょう。

A： _____

B： _____

❸ Aはその冷麺は辛いかを聞き、Bは少し辛いと答えてみましょう。

A： _____

B： _____

❹ Aは、かばんは重いかを聞き、Bは重くないと答えてみましょう。

A： _____

B： _____

수프	뜨겁다	문제	냉면
スープ	熱い	問題	冷麺

제 **10** 과　저는 내일 아주 바빠요.

学 習 目 標	■ 丁寧表現　～아요 / 어요形（パッチム無） ■ ㅡ変則活用の～아요 / 어요形

2-6

스즈키　：지수 씨, 내일 뭐 해요?

김지수　：내일은 학교에 안 가요.

　　　　　그래서 오랜만에 명동에서 친구를 만나요.

　　　　　그리고 같이 영화도 봐요.

스즈키　：아, 부러워요. 저는 내일 아주 바빠요.

김지수　：왜 바빠요?

스즈키　：한국어 숙제가 정말 많아요.

뭐(←무엇)	오랜만에	명동	같이	부럽다	숙제
何	久しぶりに	明洞	一緒に	羨ましい	宿題

81

<table>
<tr><td>表現 1</td><td>パッチム無の 〜아요 / 어요形（動：〜ます・ています／形：〜です）</td></tr>
</table>

形 式

・語幹末にパッチムがない動詞・形容詞に「〜아요/어요」形が結合すると融合・脱落などが起こる。

(1)融合型

　　①ㅗ다： ㅗ＋아요＝과요　　例）오다（来る）　　　　： 오＋아요→와요

　　②ㅜ다： ㅜ＋어요＝ㅝ요　　例）배우다（習う）　　： 배우＋어요→배워요

　　③ㅣ다： ㅣ＋어요＝ㅕ요　　例）마시다（飲む）　　： 마시＋어요→마셔요

(2)脱落型

　　①ㅏ다： ㅏ＋아요＝ㅏ요　　例）비싸다（（値段が）高い）： 비싸＋아요→비싸요

　　②ㅐ다： ㅐ＋어요＝ㅐ요　　例）보내다（送る）　　： 보내＋어요→보내요

(3)変則型

　　・하다 → 해요

※「〜하다」で終わる動詞、形容詞もすべて「〜해요」となる。

　　例）기뻐하다（喜ぶ） → 기뻐해요　　　　건강하다（健康だ） → 건강해요

例 文　2-7

① 내일 한국 친구가 일본에 와요.　　　　明日韓国の友達が日本に来ます。

② 동생은 수영을 배워요?　　　　　　　弟さんは水泳を習っていますか。

③ 누나는 대학교에서 한국어를 가르쳐요.　お姉さんは大学で韓国語を教えています。

④ 이 시계는 비싸요?　　　　　　　　　この時計は高いですか。

⑤ 한국에 편지를 보내요.　　　　　　　韓国に手紙を送ります。

⑥ 여동생은 지금 방에서 숙제해요.　　　妹は今部屋で宿題をしています。

동생	수영	가르치다	편지	숙제하다
弟、妹	水泳	教える	手紙	宿題する

一変則活用の 〜아요 /어요形

・語幹末が「ー」で終わる動詞・形容詞に「〜아요/어요」形が結合すると語幹末の「ー」が脱落する。

(1) 語幹末の母音ーの前の母音が「ト/ㅗ」の場合:「ー」を外した語幹＋아요

例) **바쁘다**(忙しい) → **바쁘+아요** = **바빠요**

(2) 語幹末の母音ーの前の母音が「ト/ㅗ」以外の場合:「ー」を外した語幹＋어요(母音がない場合も含む)

例) **기쁘다**(嬉しい) → **기쁘+어요** = **기뻐요**

쓰다(書く) → **쓰+어요** = **써요**

例 文

① 배가 고파요.　　　　　　　お腹がすいています。

② 이 드라마는 슬퍼요.　　　　このドラマは悲しいです。

③ 아버지는 바빠요.　　　　　父は忙しいです。

④ 한복은 예뻐요.　　　　　　韓服*は綺麗です。

⑤ 남동생은 저보다 키가 커요.　弟は私より背が高いです。

> *韓国の民族衣装は日本で「チマチョゴリ (치마 저고리)」という名前でよく知られているが、「チマ」は「スカート」、「チョゴリ」は「上着」という意味で、女性が着る民族衣装だけを指す。男性用韓服は「바지 (ズボン) 저고리」と言い、치마 저고리と바지 저고리を総称して한복 (韓服) と言う。

(배가) 고프다	슬프다	한복
(お腹が) すく、空腹だ	悲しい	韓服

表現練習1 次の動詞/形容詞を「～ㅂ니다/습니다」形と「～아요/어요」形に活用してみましょう。

	～ㅂ니다/습니다	～아요/어요
사 다（買う）	삽니다	사요
내 다（出す）		
보 다（見る）		
다 니 다（通う）		
비 싸 다（高い）		
오 다（来る）		
외 우 다（覚える）		
일 하 다（仕事する）		
운 동 하 다（運動する）		

表現練習2 次の動詞/形容詞を「～ㅂ니다/습니다」形と「～아요/어요」形に活用してみましょう。

	～ㅂ니다/습니다	～아요/어요
끄 다（消す）	끕니다	꺼요
기 쁘 다（嬉しい）		
나 쁘 다（悪い）		
크 다（大きい）		
예 쁘 다（きれいだ）		
아 프 다（痛い）		
슬 프 다（悲しい）		

会話練習1 例のように会話してみましょう。（質問も答えも「〜아요/어요」形にする）

2-9

（例）

韓国ドラマ

家で何を見ているかを聞いてみましょう。

A：집에서 뭘 봐요? （家で何を見ていますか。）

B：한국 드라마를 봐요. （韓国のドラマを見ています。）

❶

服

デパートで何を買うかを聞いてみましょう。

A：＿＿＿＿＿＿＿＿＿＿＿＿＿＿＿＿＿＿＿＿＿

B：＿＿＿＿＿＿＿＿＿＿＿＿＿＿＿＿＿＿＿＿＿

❷

公園

コーヒーはどこで飲むかを聞いてみましょう。

A：＿＿＿＿＿＿＿＿＿＿＿＿＿＿＿＿＿＿＿＿＿

B：＿＿＿＿＿＿＿＿＿＿＿＿＿＿＿＿＿＿＿＿＿

❸

APPLE

英単語

今何を暗記しているかを聞いてみましょう。

A：＿＿＿＿＿＿＿＿＿＿＿＿＿＿＿＿＿＿＿＿＿

B：＿＿＿＿＿＿＿＿＿＿＿＿＿＿＿＿＿＿＿＿＿

❹

e-mail

e メールを送る

今何をしているかを聞いてみましょう。

A：＿＿＿＿＿＿＿＿＿＿＿＿＿＿＿＿＿＿＿＿＿

B：＿＿＿＿＿＿＿＿＿＿＿＿＿＿＿＿＿＿＿＿＿

한국 드라마	영어 단어	이메일
韓国ドラマ	英単語	e メール

会話練習2 例のように会話してみましょう。（質問も答えも「～아요/어요」形にする）

(2-10)

(例) Aはお腹がすいているかを聞き、Bはすいていると答えてみましょう。

A : 지금 배가 고파요? （今お腹がすいていますか。）

B : 네, 배가 고파요. （はい、お腹がすいています。）

❶ Aは、妹は背が高いかを聞き、Bは高いと答えてみましょう。

A : ＿＿＿＿＿＿＿＿＿＿＿＿＿＿＿＿＿＿＿＿＿＿＿＿＿＿＿＿＿＿＿

B : ＿＿＿＿＿＿＿＿＿＿＿＿＿＿＿＿＿＿＿＿＿＿＿＿＿＿＿＿＿＿＿

❷ Aはどこが痛いかを聞き、Bは頭が痛いと答えてみましょう。

A : ＿＿＿＿＿＿＿＿＿＿＿＿＿＿＿＿＿＿＿＿＿＿＿＿＿＿＿＿＿＿＿

B : ＿＿＿＿＿＿＿＿＿＿＿＿＿＿＿＿＿＿＿＿＿＿＿＿＿＿＿＿＿＿＿

❸ Aは最近、忙しいかを聞き、Bは忙しくないと答えてみましょう。

A : ＿＿＿＿＿＿＿＿＿＿＿＿＿＿＿＿＿＿＿＿＿＿＿＿＿＿＿＿＿＿＿

B : ＿＿＿＿＿＿＿＿＿＿＿＿＿＿＿＿＿＿＿＿＿＿＿＿＿＿＿＿＿＿＿

❹ Aはあの映画は悲しいかを聞き、Bは悲しくないと答えてみましょう。

A : ＿＿＿＿＿＿＿＿＿＿＿＿＿＿＿＿＿＿＿＿＿＿＿＿＿＿＿＿＿＿＿

B : ＿＿＿＿＿＿＿＿＿＿＿＿＿＿＿＿＿＿＿＿＿＿＿＿＿＿＿＿＿＿＿

머리
頭

제 11 과   다섯 개 주세요.

学習目標	■ 固有数字　하나, 둘, 셋…
	■ 丁寧表現　〜예요 / 이에요

스즈키 : 이 귤은 얼마예요?

점원 : 한 개에 400원이에요. 아주 달아요.

스즈키 : 아, 그래요? 그럼, 다섯 개 주세요.

그리고, 저 배도 세 개 주세요.

한 개에 얼마예요?

점원 : 3,600원입니다. 좀 비싸요.

그래도 맛있어요.

다섯	개	주세요	귤	얼마	〜예요/이에요
五つ	個(個数)	ください	みかん	いくら	〜です
한(←하나)	달다	배	세(←셋)	좀(←조금)	그래도
一つ	甘い	梨	三つ	少し	でも、しかし

表現 **1** 하나 , 둘 , 셋 … （一つ、二つ、三つ…）

意味

・ものを数えるときに使われる固有数字。

 種類

一つ	二つ	三つ	四つ	五つ	六つ	七つ	八つ	九つ	とお
하나	둘	셋	넷	다섯	여섯	일곱	여덟	아홉	열
11	**12**	**13**	**14**	**15**	**16**	**17**	**18**	**19**	**20**
열하나	열둘	열셋	열넷	열다섯	열여섯	열일곱	열여덟	열아홉	스물
30	**40**	**50**	**60**	**70**	**80**	**90**	**100**	**1,000**	**10,000**
서른	마흔	쉰	예순	일흔	여든	아흔	백	천	만

 注意

・固有数字が単位名詞（〜個、〜台、〜冊など）とともに用いられる場合、「하나/둘/셋/넷/스물」は次のように変化することに注意しよう。

하나＋개(個)	한 개
둘＋개	두 개
셋＋개	세 개
넷＋개	네 개
스물＋개	스무 개
스물하나＋개	스물한 개
스물둘＋개	스물두 개

※単位名詞

人数	個数	動物	歳	ビン類
〜명/사람	〜개	〜마리	〜살	〜병
杯	車など機械	書籍	紙類	回数
〜잔	〜대	〜권	〜장	〜번

例 文

① 언니는 20살입니다.　　　　　姉は 20 歳です。

② 잡지가 1권 있어요.　　　　　雑誌が一冊あります。

③ 한국 유학생은 5명 있어요.　　韓国の留学生は 5 名います。

④ A:고양이가 몇 마리 있어요?　猫が何匹いますか。

　 B:2 마리 있어요.　　　　　　2匹います。

表現 **2**　~예요 / 이에요 (~です)

意 味

・「~입니다」形より、うちとけた印象を与える丁寧形。

形 式

・名詞末にパッチム無: 名詞＋예요 ／ 名詞＋예요?(疑)

　例) **김치**(キムチ) → **김치예요/김치예요?**

・名詞末にパッチム有: 名詞＋이에요 ／ 名詞＋이에요?(疑)

　例) **밥**(ご飯) → **밥이에요/밥이에요?**

他の表現との関連

否定形	
김치가 아니에요	밥이 아니에요

例 文

① 여자 친구 생일이 언제예요?　　彼女の誕生日はいつですか。

② 이 영화는 인도 영화예요.　　　この映画はインド映画です。

③ 여기가 다나카 씨 집이에요?　　ここが田中さんの家ですか。

④ 저기가 은행이에요.　　　　　　あそこが銀行です。

⑤ 한국어 교과서가 아니에요?　　韓国語の教科書ではありませんか。

유학생	인도	저기
留学生	インド	あそこ

表現練習1 単位名詞を一つだけ選び、例のように書いてみましょう。（数字はハングルで書く）

	（名詞）	（数字）	
（例）	사과 （りんご）	2	두 개
❶	강아지 （子犬）	4	
❷	종이 （紙）	20	
❸	학생 （学生）	13	
❹	생맥주 （生ビール）	9	
❺	교과서 （教科書）	21	
❻	버스 （バス）	8	
❼	한국 여행 （韓国旅行）	7	
❽	나이 （歳）	18	
❾	와인 （ワイン）	5	

表現練習2 絵を見ながら、例のように質問に対して答えてみましょう。

（例）
A : 회사원이에요? （会社員ですか。）
B : 아뇨, 간호사예요. （いいえ、看護師です。）

❶
A : 공무원이에요?
B : _____

❷
A : 내일이 수요일이에요?
B : _____

❸
A : 후쿠하라 씨예요?
B : _____

❹
A : 이게 비빔밥이에요?
B : _____

❺
A : 오늘이 밸런타인데이예요?
B : _____

간호사	이게(←이것이)	비빔밥	라면
看護師	これが	ビビンバ	ラーメン

会話練習1 例のように会話してみましょう。（数字はハングルにし、単位名詞を用いる）

（例）  車が何台あるかを聞いてみましょう。　2-16

A : 자동차가 몇 대 있어요?（車が何台ありますか。）

B : 세 대 있어요.（3台あります。）

❶  学生が何人いるかを聞いてみましょう。

A : ＿＿＿＿＿＿＿＿＿＿＿＿＿＿＿＿＿＿＿＿＿＿

B : ＿＿＿＿＿＿＿＿＿＿＿＿＿＿＿＿＿＿＿＿＿＿

❷  果物を何個買うかを聞いてみましょう。

A : ＿＿＿＿＿＿＿＿＿＿＿＿＿＿＿＿＿＿＿＿＿＿

B : ＿＿＿＿＿＿＿＿＿＿＿＿＿＿＿＿＿＿＿＿＿＿

❸ 鳥が何羽いるかを聞いてみましょう。

A : ＿＿＿＿＿＿＿＿＿＿＿＿＿＿＿＿＿＿＿＿＿＿

B : ＿＿＿＿＿＿＿＿＿＿＿＿＿＿＿＿＿＿＿＿＿＿

❹ 飲み物は何本あるかを聞いてみましょう。

A : ＿＿＿＿＿＿＿＿＿＿＿＿＿＿＿＿＿＿＿＿＿＿

B : ＿＿＿＿＿＿＿＿＿＿＿＿＿＿＿＿＿＿＿＿＿＿

자동차	과일	새	음료수	주스
車、自動車	果物	鳥	飲料水、飲み物	ジュース

会話練習2 例のように会話してみましょう。

(例) Aはこの方が姉さんかを聞き、Bは否定した後、お母さんだと答えてみましょう。

A : 이분은 언니예요? (この方はお姉さんですか。)

B : 아뇨, 언니가 아니에요. 어머니예요. (いいえ、姉ではありません、母です。)

❶ Aは今日が誕生日かを聞き、Bは否定した後、明日だと答えてみましょう。

A : _____

B : _____

❷ Aは弟さんが俳優かを聞き、Bは否定した後、歌手だと答えてみましょう。

A : _____

B : _____

❸ Aはこれがノートかを聞き、Bは否定した後、手帳だと答えてみましょう。

A : _____

B : _____

❹ Aは20歳かを聞き、Bは否定した後、19歳だと答えてみましょう。

A : _____

B : _____

이분	배우
この方	俳優

コラム・カルチャーショック 03

家族で「一緒に」の文化

韓国人の友人と話していて驚いたことの一つに、家族、親戚の呼称がとても多い、ということがありました。例えば「おば」の場合、日本語では父方も母方も「伯母さん」あるいは「叔母さん」になりますが、韓国語では父親の姉妹なら고모[姑母]、母の姉妹なら이모[姨母]、父の兄弟の妻

韓定食

なら작은어머니/큰어머니、母の兄弟の妻なら외숙모[外叔母]、というように呼び分けます。結婚相手の兄や姉など、日本では同じになるような親戚の呼称も全て細かく分かれています。これは韓国では前述したように儒教の影響が強く、自分とその人の続柄がすぐにわかることが重要なためではないかと思います。家族というつながりを重視する韓国の文化がよく表れています。

「家族」を意味する言葉に식구[食口]というものがあります。これは家族だけでなく、漢字からもわかるように一緒に食事をとる仲間のこともさします。このことにも現れているように、韓国では「食事はみんなで」という概念があり、찌개（チゲ）などの鍋料理や볶음밥（炒飯）、팥빙수（かき氷）などをお皿に取り分けず、一つの鍋や皿から直接食べます。食べる時にご飯や汁物の器を手に持たないのも、このような食事のスタイルをとっていることの影響が少なからずあると思います。伝統的に一人分ずつの御膳に分かれていた日本の食卓とはだいぶ雰囲気が異なりますよね。取り分けずに食べるのは、はじめは少し抵抗がありましたが、みんなで「一緒に」食べる食事はとてもあたたかく美味しかったです。

　ここまで、韓国語の動詞や形容詞における活用形についていくつか学習してきましたが、活用のパターンを次のように整理することができます。

Ⅰ　語幹の形の条件を問わず、語幹に活用形がつくもの

すでに学習したもの	これから学習するもの
~지 않다(6課)	~고 있다(13課) ~고 싶다(13課) ~겠(15課)

Ⅱ　語幹末のパッチム有無によって活用形が異なるもの

すでに学習したもの	これから学習するもの
~ㅂ니다/습니다(4課)	~(으)려고 하다(16課) 　~(으)러(16課) 　~(으)시(18課) ~(으)세요(19課) 　~ (으)ㄹ까요(20課) 　~(으)ㅂ시다(20課)

Ⅲ　語幹末の母音の種類によって活用形が異なるもの

すでに学習したもの	これから学習するもの
~아요/어요(9, 10課)	~았/었(12課)

　Ⅲの活用に関しては「아」か「어」に限られています。第9課ではパッチム有の場合、第10課ではパッチム無の場合に分けて紹介しましたが、パッチム無の場合も基本的にはパッチム有の場合と原理は同じです。ただし、パッチムという障害物がないため、融合、脱落などの現象が起こります。

※語幹＋아 / 어

	母音	活用	例
パッチム有	ㅏ/ㅗ	語幹＋아	찾다 → 찾아
	ㅏ/ㅗ以外	語幹＋어	먹다 → 먹어
	ㅂ変則	ㅂ → 워	춥다 → 추워
パッチム無	ㅏ	ㅏ	가다 → 가
	ㅗ	ㅘ	오다 → 와
	ㅜ	ㅝ	배우다 → 배워
	ㅣ	ㅕ	마시다 → 마셔
	ㅐ	ㅐ	보내다 → 보내
一変則	ㅡ前の母音がㅏ/ㅗ	ㅡ → ㅏ	바쁘다 → 바빠
	ㅡ前の母音がㅏ/ㅗ以外	ㅡ → ㅓ	쓰다 → 써　기쁘다 → 기뻐
하다			하다 → 해

제12과 여름 방학에는 뭐 했어요?

学 習 目 標	■ 動詞・形容詞の過去形 ～았/었 ■ 助詞 ～와/과

2-18

박철수 : 여름 방학에는 뭐 했어요?

미우라 : 친구와 같이 한국에 여행을 갔어요.

박철수 : 한국 음식은 뭐가 맛있었어요?

미우라 : 삼계탕하고 순두부 찌개가 맛있었습니다.

　　　　순두부 찌개는 조금 매웠어요.

박철수 : 경복궁에는 갔어요?

미우라 : 아뇨. 경복궁에는 안 갔습니다.

　　　　롯데월드에 갔어요.

여름 방학	～와/과 같이	여행을 가다	삼계탕	～하고	순두부・찌개
夏休み	～と一緒に	旅行に行く	サムゲタン(参鶏湯)	～と	スンドゥブ(純豆腐)チゲ

경복궁	롯데월드
景福宮	ロッテワールド

表現 1 ～았 / 었 (動詞／形容詞の過去形)

形 式

I 語幹末にパッチムがある場合

・語幹末の母音が「ㅏ/ㅗ」の場合: 語幹＋았

　例）**작다**(小さい) → **작았**

・語幹末の母音が「ㅏ/ㅗ」以外の場合: 語幹＋었

　例）**먹다**(食べる) → **먹었**

II 語幹末にパッチムがない場合

(1)融合型

　①ㅗ다: ㅗ＋았 → 왔　　　例）**보다**(見る): 　　　　　→ **보**＋**았** → **봤**

　②ㅜ다: ㅜ＋었 → 웠　　　例）**배우다**(習う): 　　　→ **배우**＋**었** → **배웠**

　③ㅣ다: ㅣ＋었 → 였　　　例）**마시다**(飲む): 　　　→ **마시**＋**었** → **마셨**

(2)脱落型

　①ㅏ다: ㅏ＋았 → 았　　　例）**비싸다**((値段が)高い): → **비싸**＋**았** → **비쌌**

　②ㅐ다: ㅐ＋었 → 냈　　　例）**보내다**(送る): 　　　→ **보내**＋**었** → **보냈**

(3)変則型

　①ㅡ다

　　・語幹末の母音ㅡの前の母音が「ㅏ/ㅗ」の場合

　　　ㅡを外した語幹＋았　　　例）**바쁘다**(忙しい): **바빠**＋**았** → **바빴**

　　・語幹末の母音ㅡの前の母音が「ㅏ/ㅗ」以外の場合

　　　ㅡを外した語幹＋었　　　例）**기쁘다**(嬉しい): **기뻐**＋**었** → **기뻤**

　　　　　　　　　　　　　　　쓰다(書く): 　**써**＋**었** → **썼**

　②**하다**(する) → **했**

他の表現との関連

～ㅂ니다 / 습니다形	～아요 / 어요形
작았습니다 / 작았습니까?	작았어요
먹었습니다 / 먹었습니까?	먹었어요

例　文

① 오늘은 날씨가 정말 좋았어요.　　　今日は天気がとてもよかったです。

② 지난주에는 한국어 시험이 있었습니다.　先週は韓国語の試験がありました。

③ 어제는 혼자서 술을 마셨습니다.　　昨日は一人でお酒を飲みました。

④ 언제 일본에 왔어요?　　　　　　　いつ日本に来ましたか。

⑤ 오늘 아침에는 운동 안 했어요.　　今朝は運動しませんでした。

表現　2　～와 / 과（～と）

形　式

・名詞末にパッチム無： 名詞＋와

　例）**바다와　산**（海と山）

・名詞末にパッチム有： 名詞＋과

　例）**산과　바다**（山と海）

・パッチム有無に関係なく： 名詞＋하고

　例）**바다하고　산**（海と山）　　　**산하고　바다**（山と海）

例　文

① 오늘 저녁에는 불고기와 냉면을 먹어요.　　今日の夕方にはプルコギと冷麺を食べます。

② 어제 시장에서 과일과 야채를 샀어요.　　昨日市場で果物と野菜を買いました。

③ 지난주에는 영어하고 중국어 수업이 있었어요.　先週は英語と中国語の授業がありました。

④ 내일은 선생님과 같이 식사를 해요.　　明日は先生と一緒に食事をします。

⑤ 작년에는 가족하고 같이 해외 여행을 갔어요.　去年は家族と一緒に海外旅行に行きました。

시험	혼자서	오늘 아침	야채	수업	식사
試験	一人で	今朝	野菜	授業	食事
가족	해외				
家族	海外				

表現練習1 次の動詞/形容詞を過去形に活用してみましょう。

	～았/었습니다	～았/었어요
놀 다（遊ぶ）	놀았습니다	놀았어요
웃 다（笑う）		
마 시 다（飲む）		
받 다（受ける）		
사 다（買う）		
외 우 다（覚える）		
운 동 하 다（運動する）		
기 쁘 다（嬉しい）		
나 쁘 다（悪い）		
크 다（大きい）		

表現練習2 絵を見ながら、「～**와/과**」と「～**하고**」を用いて例のように書いてみましょう。

	～와/과～	～하고～
（例）豚　牛	돼지와　소	돼지하고　소
❶ 母　父		
❷ 携帯　パソコン		
❸ 牛乳　パン		
❹ かばん　傘		

돼지	소	핸드폰	우산
豚	牛	携帯電話	傘

会話練習1 例のように会話してみましょう。

(例) Aは昨日何をしたかを聞き、Bは図書館に行ったと答えてみましょう。

A：어제 뭘 했어요?（昨日何をしましたか。）

B：도서관에 갔어요.（図書館に行きました。）

❶ Aは先週デパートで何を買ったかを聞き、Bは手袋を買ったと答えてみましょう。

A：＿＿＿＿＿＿＿＿＿＿＿＿＿＿＿＿＿＿＿＿＿＿＿＿＿＿＿＿＿＿＿＿＿

B：＿＿＿＿＿＿＿＿＿＿＿＿＿＿＿＿＿＿＿＿＿＿＿＿＿＿＿＿＿＿＿＿＿

❷ Aはどこで英語を学んだかを聞き、Bは語学スクールで学んだと答えてみましょう。

A：＿＿＿＿＿＿＿＿＿＿＿＿＿＿＿＿＿＿＿＿＿＿＿＿＿＿＿＿＿＿＿＿＿

B：＿＿＿＿＿＿＿＿＿＿＿＿＿＿＿＿＿＿＿＿＿＿＿＿＿＿＿＿＿＿＿＿＿

❸ Aは昨日は忙しかったかを聞き、Bは実際のことを言ってみましょう。

A：＿＿＿＿＿＿＿＿＿＿＿＿＿＿＿＿＿＿＿＿＿＿＿＿＿＿＿＿＿＿＿＿＿

B：＿＿＿＿＿＿＿＿＿＿＿＿＿＿＿＿＿＿＿＿＿＿＿＿＿＿＿＿＿＿＿＿＿

❹ Aは今日の朝ご飯は何を食べたかを聞き、Bは実際のことを言ってみましょう。

A：＿＿＿＿＿＿＿＿＿＿＿＿＿＿＿＿＿＿＿＿＿＿＿＿＿＿＿＿＿＿＿＿＿

B：＿＿＿＿＿＿＿＿＿＿＿＿＿＿＿＿＿＿＿＿＿＿＿＿＿＿＿＿＿＿＿＿＿

뭘(←무엇을)	장갑
何を	手袋

会話練習2 例のように会話文を作ってみましょう。

（例）Aは朝何を食べたかを聞き、Bはトーストとジュースを食べたと答えてみましょう。

A：아침에 뭘 먹었어요?　（朝何を食べましたか。）

B：토스트와 주스를 먹었어요.　（トーストとジュースを食べました。）

❶ Aは明日はどこに行くかを聞き、Bは渋谷と横浜に行くと答えてみましょう。

A：_____

B：_____

❷ Aは外国語は何を勉強したかを聞き、Bは英語と韓国語を勉強したと答えてみましょう。

A：_____

B：_____

❸ Aは普段果物は何をよく食べているかを聞き、Bはスイカと葡萄をよく食べると答えてみましょう。

A：_____

B：_____

❹ Aは普段誰と一緒にコーヒーを飲むかを聞き、Bは友達と一緒に飲むと答えてみましょう。

A：_____

B：_____

토스트	시부야	요코하마	자주	수박	포도
トースト	渋谷	横浜	よく	スイカ	葡萄

제13과 요즘 어떻게 지내고 있어요?

学習目標	■ 進行表現　～고 있다 ■ 希望表現　～고 싶다

2-23

박철수 : 요즘 어떻게 지내고 있어요?

미우라 : 전통문화 수업에서 사물놀이를 배우고 있어요.

박철수 : 그래요? 사물놀이는 재미있어요?

미우라 : 네, 아주 재미있어요. 근데 조금 힘들어요. 철수 씨는 요즘 뭘 해요?

박철수 : 주말에 일본어학원에 다니고 있어요. 일본에서 공부하고 싶어요.

어떻게	지내다	～고 있다	전통문화	사물놀이	그래요?
いかが、どうやって	過ごす	～ている	伝統文化	サムルノリ	そうですか
힘들다	～고 싶다				
大変だ	～たい				

表現 1 ～고 있다 (～ている)

形 式

・語幹末のパッチム有無に関係なく： 語幹＋고 있다

例) 보다 (見る) → 보고 있다   먹다 (食べる) → 먹고 있다

만들다 (作る) → 만들고 있다

他の表現との関連

～ㅂ니다/습니다形	～아요/어요形	過去形
보고 있습니다 먹고 있습니다 만들고 있습니다	보고 있어요 먹고 있어요 만들고 있어요	보고 있었～ 먹고 있었～ 만들고 있었～

注 意

・衣類などを身につけるときに使う動詞が「～고 있다」形を取る場合は、現在着用する動作が行われているという進行の意味を表す場合もあれば、すでに着用の動作が終わり、その結果が持続しているという状態の意味を表す場合もあることに注意しよう。

例) 지금 한복을 입고 있어요 (今韓服を着ている最中です／今韓服を着ています)

2-24

例 文

① 지금 친구하고 식사하고 있어요.　　今友達と食事をしています。

② 요즘 매일 아침에 조깅하고 있습니다.　　最近毎朝ジョギングをしています。

③ 지금 책을 읽고 있어요.　　今本を読んでいます。

④ 친구하고 맥주를 마시고 있어요.　　友達とビールを飲んでいます。

⑤ 어제 저녁에는 김치를 만들고 있었어요.　　昨日の夜はキムチを作っていました。

조깅	맥주
ジョギング	ビール

形式

・語幹末のパッチム有無に関係なく: 語幹＋고 싶다

例) **가다**(行く) → **가고 싶다**　　　　**먹다**(食べる) → **먹고 싶다**

만들다(作る) → **만들고 싶다**

他の表現との関連

〜ㅂ니다/습니다形	〜아요/어요形	過去形
가고 싶습니다	가고 싶어요	가고 싶었〜
먹고 싶습니다	먹고 싶어요	먹고 싶었〜
만들고 싶습니다	만들고 싶어요	만들고 싶었〜

例文

2-25

① 아르바이트는 오전에 하고 싶어요.　　　　アルバイトは午前にしたいです。

② 이번 주말에 어디에 가고 싶어요?　　　　今週末にどこに行きたいですか。

③ 요리 방법을 알고 싶습니다.　　　　料理の仕方を知りたいです。

④ 저는 비빔밥을 먹고 싶었어요.　　　　私はビビンバを食べたかったです。

⑤ 어제는 일본 요리를 만들고 싶었어요.　　　　昨日は日本の料理を作りたかったです。

 ズボンを着る??

日本語にも身につける服や飾りなどの種類によって動詞が異なりますが、韓国語も同様です。ここでは着用関連の表現をいくつか紹介しましょう。

입다

옷 (服) 을 입다 / 바지 (ズボン) 를 입다
など衣類全般
티셔츠 (Tシャツ) / **속옷** (下着)
스웨터 (セーター) / **코트** (コート)

신다

신발 (履物) 을 신다 / 양말 (靴下) 을 신다
など履物全般
구두 (靴) / **운동화** (運動靴)
슬리퍼 (スリッパ) / **스니커** (スニーカー)

쓰다

모자 (帽子) 를 쓰다

매다

넥타이 (ネクタイ) 를 매다

차다

시계 (時計) 를 차다

끼다

반지 (指輪) 를 끼다

방법	알다
方法	知る、分かる

表現練習1 例のように「〜고 있다」形を使って作文してみましょう。

(例) ご飯を食べる　밥을 먹고 있어요. (ご飯を食べています。)

❶ 本を読む　_____

❷ 韓国語の勉強をする　_____

❸ ソウルに住む　_____

❹ テレビを見る　_____

❺ 歌を歌う　_____

表現練習2 例のように「〜고 싶다」形を使って作文してみましょう。

(例) ご飯を食べる　밥을 먹고 싶어요. (ご飯が食べたいです。)

❶ ショッピングをする　_____

❷ 音楽を聴く　_____

❸ 酒を飲む　_____

❹ 椅子に座る　_____

❺ 図書館で本を読む　_____

서울	노래를 부르다
ソウル	歌を歌う

会話練習1 例のように会話してみましょう。

> （例）Aは最近、どんな本を読んでいるかを聞き、Bは実際のことを言ってみましょう。 ((2-26))
>
> A：요즘 무슨 책을 읽고 있어요? （最近、どんな本を読んでいますか。）
>
> B：요즘 소설책을 읽고 있어요. （最近、小説を読んでいます。）

❶ Aは最近、どんな音楽を聞いているかを聞き、Bは実際のことを言ってみましょう。

A：＿＿＿＿＿＿＿＿＿＿＿＿＿＿＿＿＿＿＿＿＿＿＿＿＿＿＿

B：＿＿＿＿＿＿＿＿＿＿＿＿＿＿＿＿＿＿＿＿＿＿＿＿＿＿＿

❷ Aは今どこに住んでいるかを聞き、Bは（町の名前など）実際のことを言ってみましょう。

A：＿＿＿＿＿＿＿＿＿＿＿＿＿＿＿＿＿＿＿＿＿＿＿＿＿＿＿

B：＿＿＿＿＿＿＿＿＿＿＿＿＿＿＿＿＿＿＿＿＿＿＿＿＿＿＿

❸ Aは最近ドラマは何を見ているかを聞き、Bは実際のことを言ってみましょう。

A：＿＿＿＿＿＿＿＿＿＿＿＿＿＿＿＿＿＿＿＿＿＿＿＿＿＿＿

B：＿＿＿＿＿＿＿＿＿＿＿＿＿＿＿＿＿＿＿＿＿＿＿＿＿＿＿

❹ Aは教室で誰が眼鏡をかけているかを聞き、Bは実際のことを言ってみましょう。

A：＿＿＿＿＿＿＿＿＿＿＿＿＿＿＿＿＿＿＿＿＿＿＿＿＿＿＿

B：＿＿＿＿＿＿＿＿＿＿＿＿＿＿＿＿＿＿＿＿＿＿＿＿＿＿＿

안경을 쓰다
眼鏡をかける

105

会話練習2 例のように会話してみましょう。

（例）Aは何を飲みたいかを聞き、Bは実際のことを言ってみましょう。

A：뭘 마시고 싶어요? （何を飲みたいですか。）

B：콜라를 마시고 싶어요. （コーラを飲みたいです。）

❶ Aはデパートで何を買いたいかを聞き、Bは実際のことを言ってみましょう。

A：＿＿＿＿＿＿＿＿＿＿＿＿＿＿＿＿＿＿＿＿＿＿＿＿＿＿＿＿＿＿＿＿＿＿

B：＿＿＿＿＿＿＿＿＿＿＿＿＿＿＿＿＿＿＿＿＿＿＿＿＿＿＿＿＿＿＿＿＿＿

❷ Aは夕食は何を食べたいかを聞き、Bは実際のことを言ってみましょう。

A：＿＿＿＿＿＿＿＿＿＿＿＿＿＿＿＿＿＿＿＿＿＿＿＿＿＿＿＿＿＿＿＿＿＿

B：＿＿＿＿＿＿＿＿＿＿＿＿＿＿＿＿＿＿＿＿＿＿＿＿＿＿＿＿＿＿＿＿＿＿

❸ Aは今度の夏休み（もしくは冬休み/春休み）にどこに行きたいかを聞き、Bは実際のことを言ってみましょう。

A：＿＿＿＿＿＿＿＿＿＿＿＿＿＿＿＿＿＿＿＿＿＿＿＿＿＿＿＿＿＿＿＿＿＿

B：＿＿＿＿＿＿＿＿＿＿＿＿＿＿＿＿＿＿＿＿＿＿＿＿＿＿＿＿＿＿＿＿＿＿

❹ Aは今週末に何をしたいかを聞き、Bは実際のことを言ってみましょう。

A：＿＿＿＿＿＿＿＿＿＿＿＿＿＿＿＿＿＿＿＿＿＿＿＿＿＿＿＿＿＿＿＿＿＿

B：＿＿＿＿＿＿＿＿＿＿＿＿＿＿＿＿＿＿＿＿＿＿＿＿＿＿＿＿＿＿＿＿＿＿

콜라	이번	봄방학	겨울방학
コーラ	今度	春休み	冬休み

제 14 과 오후 한 시 이십 분까지예요.

学習目標	■ 時間 ~시~분
	■ 助詞 ~부터 / 에서 ~까지

박철수 : 오늘 요리 수업은 몇 시에 시작해요?

미우라 : 오전 열한 시 이십 분부터 시작해요.

박철수 : 그럼, 언제 끝나요?

미우라 : 오후 한 시 이십 분까지예요. 두 시간이에요.

박철수 : 수업 후에는 뭐 해요?

미우라 : 저녁 여섯 시 반부터 열 시까지 레스토랑에서
아르바이트를 해요.

~시	~분	~까지	몇 시	시작하다	~부터
~時	~分	~まで	何時	始まる	~から
끝나다	시간	후	반	레스토랑	
終わる	時間	後	半	レストラン	

表現 1 ~시 ~분 (~時~分)

形 式

・時間の言い方は「時」は固有数字、「分」は漢数字で表す。

2-29

<table>
<tr><th colspan="4">固有数字　시</th></tr>
<tr><th colspan="4">時</th></tr>
<tr><td>1時</td><td>한 시</td><td>7時</td><td>일곱 시</td></tr>
<tr><td>2時</td><td>두 시</td><td>8時</td><td>여덟 시</td></tr>
<tr><td>3時</td><td>세 시</td><td>9時</td><td>아홉 시</td></tr>
<tr><td>4時</td><td>네 시</td><td>10時</td><td>열 시</td></tr>
<tr><td>5時</td><td>다섯 시</td><td>11時</td><td>열한 시</td></tr>
<tr><td>6時</td><td>여섯 시</td><td>12時</td><td>열두 시</td></tr>
</table>

2-30

<table>
<tr><th colspan="4">漢数字　분</th></tr>
<tr><th colspan="4">分</th></tr>
<tr><td>1分</td><td>일 분</td><td>13分</td><td>십삼 분</td></tr>
<tr><td>2分</td><td>이 분</td><td>14分</td><td>십사 분</td></tr>
<tr><td>3分</td><td>삼 분</td><td>15分</td><td>십오 분</td></tr>
<tr><td>4分</td><td>사 분</td><td>20分</td><td>이십 분</td></tr>
<tr><td>5分</td><td>오 분</td><td>25分</td><td>이십오 분</td></tr>
<tr><td>6分</td><td>육 분</td><td>30分</td><td>삼십 분</td></tr>
<tr><td>7分</td><td>칠 분</td><td>35分</td><td>삼십오 분</td></tr>
<tr><td>8分</td><td>팔 분</td><td>40分</td><td>사십 분</td></tr>
<tr><td>9分</td><td>구 분</td><td>45分</td><td>사십오 분</td></tr>
<tr><td>10分</td><td>십 분</td><td>50分</td><td>오십 분</td></tr>
<tr><td>11分</td><td>십일 분</td><td>55分</td><td>오십오 분</td></tr>
<tr><td>12分</td><td>십이 분</td><td>60分</td><td>육십 분</td></tr>
</table>

※他の時間表現

| 午前 오전 | 午後 오후 | 半 반 | ~前 ~전 | ちょうど 정각 |

2-31 **例 文**

① A:지금 몇 시 몇 분입니까?　　　　今何時何分ですか。

　 B:지금 1시 10분입니다.　　　　　今1時10分です。

② 고속버스는 3시 30분에 출발했어요.　高速バスは3時30分に出発しました。

③ 수업은 오후 5시 정각에 시작해요.　授業はちょうど午後5時に始まります。

④ 출발 5분 전이에요.　　　　　　　出発5分前です。

고속버스	출발하다
高速バス	出発する

表現 2　〜부터 / 에서 ～까지（〜から〜まで）

形 式

・名詞末のパッチム有無に関係なく： 名詞＋부터　　名詞＋까지

例）**오후 1시부터 5시까지**（午後1時から5時まで）

　　월요일부터 금요일까지（月曜日から金曜日まで）

・「場所から場所まで」の場合： 名詞＋에서　　名詞＋까지

例）**한국에서 영국까지**（韓国からイギリスまで）

　　도쿄에서 히로시마까지（東京から広島まで）

例 文

① 9시부터 10시까지 1시간 노래를 불러요.[*]　　9時から10時まで 1時間歌を歌います。

② 오전 9시부터 오후 5시까지 회사에서 일합니다.　午前 9時から午後 5時まで会社で働きます。

③ 몇 페이지부터 몇 페이지까지 읽었어요?　　何ページから何ページまで読みましたか。

④ 집에서 회사까지 택시를 타고 가요.　　家から会社までタクシーに乗って行きます。

⑤ 후쿠오카에서 부산까지 3시간 걸려요.　　福岡から釜山まで 3時間かかります。

르変則

＊語幹末が「르」で終わる「**자르다**（切る）、**고르다**（選ぶ）、**부르다**（呼ぶ、歌う）…」は活用するとき、後ろに母音「**아/어**」がつくと、「一」が脱落し前の母音により「**아/어**」、さらに「ㄹ」をつける。これを「르変則」という。（※**들르다**（寄る）、**따르다**（従う、注ぐ）などは「一変則」なので気をつけること）

例）

르変則	자르다 (切る)	자릅니다	자르려고 해요	잘라요
	고르다 (選ぶ)	고릅니다	고르려고 해요	골라요
	부르다 (呼ぶ、歌う)	부릅니다	부르려고 해요	불러요
一変則	들르다 (寄る)	들릅니다	들르려고 해요	들러요
	따르다 (従う、注ぐ)	따릅니다	따르려고 해요	따라요

※「〜(으)려고 하다」はp.120

시간	페이지	택시	후쿠오카	타고 가다	부산	걸리다
時間	ページ	タクシー	福岡	乗っていく	釜山	かかる

109

表現練習1 時計を見て時間を言ってみましょう。

（例） 02:14 pm 　오후 두 시 십사 분

❶ 08:23 am ＿＿＿＿＿＿＿＿＿＿＿　　❹ 09:05 pm ＿＿＿＿＿＿＿＿＿＿＿

❷ 06:48 am ＿＿＿＿＿＿＿＿＿＿＿　　❺ 01:37 pm ＿＿＿＿＿＿＿＿＿＿＿

❸ 11:16 am ＿＿＿＿＿＿＿＿＿＿＿　　❻ 03:30 pm ＿＿＿＿＿＿＿＿＿＿＿

● 現在の時間を言ってみましょう。

A： 지금 몇 시 몇 분이에요?

B： ＿＿＿＿＿＿＿＿＿＿＿＿＿＿＿＿＿＿＿＿＿＿＿＿＿＿＿＿

表現練習2 提示の単語を用いて、例のように作文してみましょう。（ただし、数字は必ずハングルで書く）

（例） 한국어 수업 / 09：20～10：50
➡ 한국어 수업은 오전 아홉 시 이십 분부터 열 시 오십 분까지예요.

❶ 병원 / 08：30～18：50

　　➡ ＿＿＿＿＿＿＿＿＿＿＿＿＿＿＿＿＿＿＿＿＿＿＿＿

❷ 도쿄 / 센다이 / 2시간 / 걸리다

　　➡ ＿＿＿＿＿＿＿＿＿＿＿＿＿＿＿＿＿＿＿＿＿＿＿＿

❸ 학교 수업 / 월요일 / 금요일

　　➡ ＿＿＿＿＿＿＿＿＿＿＿＿＿＿＿＿＿＿＿＿＿＿＿＿

❹ 봄 방학 / 2月18日 / 3月31日

　　➡ ＿＿＿＿＿＿＿＿＿＿＿＿＿＿＿＿＿＿＿＿＿＿＿＿

❺ 부산 / 서울 / 고속버스 / 타다

　　➡ ＿＿＿＿＿＿＿＿＿＿＿＿＿＿＿＿＿＿＿＿＿＿＿＿

센다이
仙台

会話練習1 高速バスの時刻表を見て、例のように会話してみましょう。

平日		時	土・日
10 (大阪)	54 (名古屋)	09	47 (大阪)
04 (仙台)	44 (広島)	10	22 (広島)
04 (福岡)	52 (新潟)	11	03 (福岡)　53 (新潟)
06 (神戸)	48 (山口)	12	10 (神戸)
17 (岩手)	33 (長野)	13	37 (長野)
09 (京都)	59 (奈良)	14	51 (京都)

(例) 土曜日の新潟行きのバスは何時にあるかを聞いて、答えてみましょう。

　　A : 토요일 니가타 행 버스는 몇 시에 있어요? (土曜日の新潟行きのバスは何時にありますか。)

　　B : 오전 열한 시 오십삼 분에 있어요. (午前11時53分にあります。)

❶ 平日の福岡行きのバスはいつあるかを聞いて、答えてみましょう。

　　A : _____

　　B : _____

❷ 月曜日の岩手行きのバスは何時にあるかを聞いて、答えてみましょう。

　　A : _____

　　B : _____

❸ 週末の京都行きのバスはいつあるかを聞いて、答えてみましょう。

　　A : _____

　　B : _____

❹ 平日の午後2：59のバスはどこに行くかを聞いて、答えてみましょう。

　　A : _____

　　B : _____

시각표	나고야	니가타	고베	야마구치	이와테
時刻表	名古屋	新潟	神戸	山口	岩手
나가노	교토	나라	~행	평일	
長野	京都	奈良	~行き	平日	

会話練習2 例のように会話してみましょう。

(例) 会社は何時から何時までかを聞いてみましょう。

A：회사는 몇 시부터 몇 시까지예요? （会社は何時から何時までですか。）

B：오전 아홉 시부터 오후 여섯 시까지예요. （午前9時から午後6時までです。）

❶ 今日の韓国語の授業は何時から何時までかを聞いてみましょう。

A：＿＿＿＿＿＿＿＿＿＿＿＿＿＿＿＿＿＿＿＿＿＿＿

B：＿＿＿＿＿＿＿＿＿＿＿＿＿＿＿＿＿＿＿＿＿＿＿

❷ 普段、アルバイトは何時から何時までかを聞いてみましょう。

A：＿＿＿＿＿＿＿＿＿＿＿＿＿＿＿＿＿＿＿＿＿＿＿

B：＿＿＿＿＿＿＿＿＿＿＿＿＿＿＿＿＿＿＿＿＿＿＿

❸ 夏休みは何月から何月までかを聞いてみましょう。

A：＿＿＿＿＿＿＿＿＿＿＿＿＿＿＿＿＿＿＿＿＿＿＿

B：＿＿＿＿＿＿＿＿＿＿＿＿＿＿＿＿＿＿＿＿＿＿＿

❹ 韓国語の試験は何ページから何ページまでかを聞いてみましょう。

A：＿＿＿＿＿＿＿＿＿＿＿＿＿＿＿＿＿＿＿＿＿＿＿

B：＿＿＿＿＿＿＿＿＿＿＿＿＿＿＿＿＿＿＿＿＿＿＿

학생회관 앞에서 기다리겠습니다.

学習目標	■ 好み表現　〜를 / 을 좋아하다 / 싫어하다
	■ 意志表現　〜겠

서민준 : 마에다 씨, 전통 음악을 좋아해요?

마에다 : 네, 저는 가야금 연주를 좋아해요.

　　　　일본의 고토⁽琴⁾하고 비슷해요.

서민준 : 7시에 학생회관 강당에서 공연이 있어요.

　　　　같이 보겠습니까?

마에다 : 네, 꼭 보고 싶어요.

서민준 : 그럼 6시 40분에 학생회관 앞에서

　　　　기다리겠습니다.

마에다 : 알겠어요. 고마워요.

학생회관	〜겠	전통 음악	〜를 / 을 좋아하다		가야금
学生会館	〜る/〜するつもりだ	伝統音楽	〜が好きだ		伽耶琴(イラスト参照)
연주	고토	비슷하다	강당	공연	꼭
演奏	琴	似ている	講堂	公演	必ず、きっと

表現 1 ~를 / 을 좋아하다 /싫어하다 (~が好きだ／嫌いだ)

形 式

・名詞末にパッチム無: 名詞＋를 좋아하다/싫어하다

例) **공부를 좋아하다 /싫어하다** (勉強が好きだ／嫌いだ)

・名詞末にパッチム有: 名詞＋을 좋아하다/싫어하다

例) **운동을 좋아하다 / 싫어하다** (運動が好きだ／嫌いだ)

他の表現との関連

~ㅂ니다 / 습니다形	~아요 / 어요形	過去形
좋아합니다 싫어합니다	좋아해요 싫어해요	좋아했~ 싫어했~

注 意

・日本語の「好きだ／嫌いだ」の場合、助詞「~が」を取るのに対して、「좋아하다/싫어하다」は「~を」に対応する「~를/을」を取ることに注意しよう。

例) (×)**공부가 좋아하다** (×)**운동이 좋아하다**

例 文

2-36

① 저는 스시를 좋아해요. 私はすしが好きです。

② 중학교 때는 독서를 좋아했습니다. 中学校のときは読書が好きでした。

③ 제 여자 친구는 운동을 싫어합니다. 私の彼女は運動が嫌いです。

④ 병원을 아주 싫어했어요. 病院がとても嫌いでした。

잔소리 同じ意味、異なる品詞??

※ 日本語は形容詞、韓国語は動詞

~が上手だ	~를/을 잘하다	~が下手だ	~를/을 잘 못하다

※ 日本語は動詞、韓国語は形容詞

疲れる	피곤하다	違う／異なる	다르다
お腹がすく	배고프다	似ている	비슷하다

중학교	때	독서
中学校	とき	読書

意味

・未来形として話し手の意志を表す表現
・話し手の考えを柔らかく述べるか、慣用的な表現として使われる場合もある。

形式

・語幹末のパッチム有無と関係なく: 語幹＋겠

例) **가다**(行く) → **가겠** **먹다**(食べる) → **먹겠** **만들다**(作る) → **만들겠**

他の表現との関連

～ㅂ니다 / 습니다形	～아요 / 어요形
가겠습니다	가겠어요
먹겠습니다	먹겠어요
만들겠습니다	만들겠어요

2-37

例文

① 오늘은 집에서 쉬겠어요. 今日は家で休むつもりです。
② 내일부터 중국어를 공부하겠습니다. 明日から中国語を勉強します。
③ A:몇 시까지 오겠습니까? 何時までに来ますか。
  B:8시까지 가겠습니다. 8時までに行きます。
④ 알겠습니다/알겠어요. 分かりました。
⑤ 잘 모르겠습니다/잘 모르겠어요. よく分かりません。

注意

・「～습니다 / ～아요」と「～겠습니다 / 겠어요」の違いについて

　例えば「明日学校に行きます」の場合、「내일 학교에 갑니다」とも「내일 학교에 가겠습니다」とも訳すことができる。違いは「갑니다」は話し手の意志による行動ではなく、すでに決まっていること（例えば、授業があるため元々行くことになっている場合）だというニュアンスだとすれば、「가겠습니다」は何かがきっかけとなって自分の意志で行くことを決める（例えば明日学校に行く予定はなかったが、学校に有名人が来ると聞いてから行くことを決めた場合）というニュアンスである。

쉬다	중국어	잘	모르다
休む	中国語	よく	分からない

表現練習1 絵を見て、例のように実際の自分の好き嫌いを言ってみましょう。

(例) 勉強　　저는 공부를 좋아합니다/싫어합니다.
(私は勉強が好きです/嫌いです)

❶ 野菜

_____

❷ 運動

_____

❸ 映画

_____

❹ 酒

_____

❺ チキン

_____

表現練習2 例のように、「～겠」形をつけてみましょう。

	～겠습니다	～겠어요
먹 다 (食べる)	먹겠습니다	먹겠어요
자 다 (寝る)		
앉 다 (座る)		
걸 다 (かける)		
알 다 (知る)		
사 다 (買う)		
찍 다 (撮る)		
공 부 하 다 (勉強する)		
빌 리 다 (借りる)		

치킨
チキン

会話練習1 例のように会話してみましょう。

（例）Aは何の映画が好きかを聞き、Bはアクション映画が好きだと答えてみましょう。

A : 무슨 영화를 좋아해요? （何の映画が好きですか。）

B : 액션 영화를 좋아해요. （アクション映画が好きです。）

❶ Aは何の科目が好きかを聞き、Bは英語が好きだと答えてみましょう。

A : _____

B : _____

❷ Aは運動が好きかを聞き、Bは嫌いだと答えてみましょう。

A : _____

B : _____

❸ Aは芸能人は誰が好きかを聞き、Bは実際のことを言ってみましょう。

A : _____

B : _____

❹ Aは韓国料理は何が好きかを聞き、Bは実際のことを言ってみましょう。

A : _____

B : _____

액션	과목	연예인	한국 요리
アクション	科目	芸能人	韓国料理

117

会話練習2 例のように「〜겠」形を使って会話してみましょう。

(2-39)

(例) Aは何の勉強をするかを聞き、Bは経済学を勉強するつもりだと答えてみましょう。

A : 무슨 공부를 하겠습니까? （何の勉強をしますか。）

B : 경제학을 공부하겠어요. （経済学を勉強します。）

❶ Aは何の料理を作るかを聞き、Bはチャプチェを作るつもりだと答えてみましょう。

A : _____

B : _____

❷ Aは免税店で何を買うかを聞き、Bは帽子と財布を買うつもりだと答えてみましょう。

A : _____

B : _____

❸ Aは明日の朝は運動をするかを聞き、Bはしないつもりだと答えてみましょう。

A : _____

B : _____

❹ Aは週末にどこへ行くかを聞き、Bは実際のことを言ってみましょう。

A : _____

B : _____

경제학	잡채	면세점
経済学	チャプチェ	免税店

제 **16** 과 여행을 가려고 합니다.

学習目標	■ 意志表現　～(으)려고 하다
	■ 目的表現　～(으)러

(2-40)

마에다 : 이번 주말에 무슨 계획이 있어요?

서민준 : 도쿄에 여행을 가려고 합니다.

마에다 : 디즈니랜드에 놀러 가요?

서민준 : 아니요, 아사쿠사 센소지 절을
　　　　 보러 갑니다.

마에다 : 그래요? 거기는 단고하고 센베이도
　　　　 유명해요.

서민준 : 네, 그래서 둘 다 맛보려고 합니다.

～(으)려고 하다		계획	디즈니랜드	～(으)러	아사쿠사	센소지
～ようと思う、～ようとする		計画	ディズニーランド	～しに	浅草	浅草寺
절	단고	센베이	유명하다	다	맛보다	
寺	団子	煎餅	有名だ	全部	味わう	

119

表現 1　～ (으)려고 하다 (～ようと思う／～ようとする)

意味
・計画や予定、ある行為をする意図や目的を表す。

形式
・語幹末にパッチム無：語幹＋려고 하다
　例) **가다**(行く)　→　**가려고 하다**
・語幹末にパッチム有：語幹＋으려고 하다
　例) **먹다**(食べる)　→　**먹으려고 하다**
・語幹末にパッチム「ㄹ」：語幹＋려고 하다
　例) **만들다**(作る)→　**만들려고 하다**

他の表現との関連

～ㅂ니다/습니다形	～아요/어요形	過去形
가려고 합니다	가려고 해요	가려고 했～
먹으려고 합니다	먹으려고 해요	먹으려고 했～
만들려고 합니다	만들려고 해요	만들려고 했～

注意
・日本語の場合、人称によって1人称(疑問形2人称含む)は「～ようと思う」、3人称は「～ようとする」
を使うが、韓国語の場合、両方とも「～ (으)려고 하다」を使うことに注意しよう。
　例) **학생들은 서울에 가려고 해요.** (学生たちはソウルに行こうとしています。)

例文
① 오늘은 일찍 자려고 해요.　　　　　　　　今日は早く寝ようと思っています。
② 저는 라면을 먹으려고 했어요.　　　　　私はラーメンを食べようと思っていました。
③ 내일은 기모노를 입으려고 합니다.　　　明日は着物を着ようと思っています。
④ 저녁에 친구들하고 노래방에서 놀려고 합니다.　夜友達とカラオケで遊ぼうと思っています。
⑤ 시골에 집을 지으려고 합니다.*　　　　　田舎に家を建てようと思っています。

일찍	기모노	노래방	시골	짓다
早く	着物	カラオケ	田舎	建てる

表現 2　~(으)러 (~しに)

意味

・「가다」「오다」などの移動動詞とともに用いられ、移動の目的を表す。
・「~(으)러 …에 가다/오다」の形でよく使われる。

形式

・語幹末にパッチム無: 語幹+러
　例) **보다**(見る)　→　**보러**
・語幹末にパッチム有: 語幹+으러
　例) **먹다**(食べる)　→　**먹으러**
・語幹末にパッチム「ㄹ」: 語幹+러
　例) **만들다**(作る)　→　**만들러**

例文　2-42

① 농구를 하러 체육관에 갑니다.　バスケットボールをしに体育館へ行きます。
② 식빵 사러 슈퍼에 갔어요?　食パン買いにスーパーに行きましたか。
③ 자장면 먹으러 가요.　ジャージャー麺を食べに行きます。
④ 은행에 돈을 찾으러 왔어요.　銀行にお金を下ろしに来ました。
⑤ 겨울 방학 때 한국에 놀러 가고 싶어요.　冬休みの時、韓国へ遊びに行きたいです。

ㅅ変則

＊語幹末のパッチムが「ㅅ」で終わる「**낫다**(治る)、**붓다**(腫れる、注ぐ)、**짓다**(建てる、炊く)…」は活用するとき、後ろに母音「**으, 아/어**」がつくと、語幹末のパッチム「ㅅ」が脱落する。これを「ㅅ変則」という。

例)

ㅅ変則	낫다 (治る)	낫습니다	나으려고 해요	나아요
	붓다 (腫れる、注ぐ)	붓습니다	부으려고 해요	부어요
	짓다 (建てる、炊く)	짓습니다	지으려고 해요	지어요
規則	웃다 (笑う)	웃습니다	웃으려고 해요	웃어요
	씻다 (洗う)	씻습니다	씻으려고 해요	씻어요

농구	식빵	슈퍼	돈을 찾다
バスケットボール	食パン	スーパー	お金を下ろす

表現練習1 例のように絵を見て、「〜(으)려고 하다」形を使って作文してみましょう。

(例) 果物を
買う   저는 과일을 사려고 해요. (私は果物を買おうと思っています。)

❶ 寝る _____

❷ 写真を撮る _____

❸ 洗顔をする _____

❹ 電話をかける _____

❺ 歯を磨く _____

表現練習2 例のように、「〜 (으)러」形の文を作ってみましょう。(必ず必要な助詞や活用 (「〜아요/어요」形)を加える)

(例) 저 / 지금 / 밥 / 먹다 / 가다 (私は今ご飯を食べに行きます。)
➡ 저는 지금 밥을 먹으러 가요.

❶ 공부하다 / 학교 / 가다 (勉強しに学校に行きます。)

➡ _____

❷ 술 / 마시다 / 술집 / 가다 (お酒を飲みに居酒屋に行きます。)

➡ _____

❸ 일본어 / 배우다 / 오사카 / 오다 (日本語を習いに大阪に来ました。)

➡ _____

❹ 여권 / 만들다 / 구청 / 가다 (パスポートを作りに区役所に行きます。)

➡ _____

❺ 어제 / 책 / 읽다 / 도서관 / 가다 (昨日、本を読みに図書館に行きました。)

➡ _____

세수	전화를 걸다	이를 닦다	술집	여권	구청
洗顔	電話をかける	歯を磨く	居酒屋	パスポート	区役所

（例）Aは韓国で何をしようと思っているかを聞き、Bはソウルで観光をしようと思っていると答えてみましょう。　2-43

　　A：한국에서 무엇을 하려고 해요?　（韓国で何をしようと思っていますか。）

　　B：서울에서 관광을 하려고 해요.　（ソウルで観光をしようと思っています。）

❶ Aは今日の夜は何を食べようと思っているかを聞き、Bはカレーを食べようと思っていると答えてみましょう。

　　A：＿＿＿＿＿＿＿＿＿＿＿＿＿＿＿＿＿＿＿＿＿＿＿＿＿＿＿＿＿＿

　　B：＿＿＿＿＿＿＿＿＿＿＿＿＿＿＿＿＿＿＿＿＿＿＿＿＿＿＿＿＿＿

❷ Aは何時まで本を読もうと思っているかを聞き、Bは12時まで読もうと思っていると答えてみましょう。

　　A：＿＿＿＿＿＿＿＿＿＿＿＿＿＿＿＿＿＿＿＿＿＿＿＿＿＿＿＿＿＿

　　B：＿＿＿＿＿＿＿＿＿＿＿＿＿＿＿＿＿＿＿＿＿＿＿＿＿＿＿＿＿＿

❸ Aはいつ友達に会おうと思っているかを聞き、Bは来週会おうと思っていると答えてみましょう。

　　A：＿＿＿＿＿＿＿＿＿＿＿＿＿＿＿＿＿＿＿＿＿＿＿＿＿＿＿＿＿＿

　　B：＿＿＿＿＿＿＿＿＿＿＿＿＿＿＿＿＿＿＿＿＿＿＿＿＿＿＿＿＿＿

❹ Aは（夏／冬／春）休みに何をしようと思っているかを聞き、Bは実際のことを言ってみましょう。

　　A：＿＿＿＿＿＿＿＿＿＿＿＿＿＿＿＿＿＿＿＿＿＿＿＿＿＿＿＿＿＿

　　B：＿＿＿＿＿＿＿＿＿＿＿＿＿＿＿＿＿＿＿＿＿＿＿＿＿＿＿＿＿＿

관광	카레
観光	カレー

会話練習2 例のように「〜（으）러」形を使って会話してみましょう。

（例）Aはどこにいくかを聞き、Bはご飯を食べに行くと答えてみましょう。

A : 어디 가요?　（どこ行きますか。）

B : 밥 먹으러 가요.　（ご飯を食べに行きます。）

❶ Aは今どこに行くかを聞き、Bはショッピングしに行くと答えてみましょう。

A : _____

B : _____

❷ Aは明日の夕方にどこに行くかを聞き、Bは歌を歌いにカラオケに行くと答えてみましょう。

A : _____

B : _____

❸ Aは昨日どこに行ったかを聞き、Bは友達の家に遊びに行ったと答えてみましょう。

A : _____

B : _____

❹ Aは市内（もしくは町の名前など）に何をしに行くかを聞き、Bは自由に答えてみましょう。

A : _____

B : _____

쇼핑하다
ショッピングする

제**17**과 마에다 씨에게 선물을 주고 싶습니다.

学習目標	■ 人・動物＋助詞　～에게 / 한테
	■ 人・動物＋助詞　～에게 (서) / 한테 (서)

서민준 : 제 생일에 마에다 씨한테서 일한사전을
　　　　받았어요.

노무라 : 와, 부러워요. 마에다 씨는 친구한테
　　　　선물을 잘 줘요.

서민준 : 저도 마에다 씨에게 선물을 주고 싶습니다.

노무라 : 마에다 씨는 문화와 예술에 관심이 많아요.

서민준 : 아, 그래요? 그러면 한국의 민속 인형을
　　　　주겠습니다.

～에게 / 한테	선물	주다	～에게 (서) / 한테 (서)	일한사전
～(人・動物)に	プレゼント	あげる、くれる	～(人・動物)から	日韓辞書
와	**문화**	**예술**	**관심**	**그러면**	**민속 인형**
わー(感動詞)	文化	芸術	関心、興味	それでは、では	民俗人形

125

| 表現 | **1** | **~에게 / 한테** (人・動物＋に) |

形式

・名詞末のパッチム有無に関係なく： 名詞＋에게/한테

例) **친구**(友達) → **친구에게/한테**　　**학생**(学生) → **학생에게/한테**

・特に「～한테」は話し言葉に限られる。

・「주다(あげる／くれる)*、가르치다(教える)、보내다(送る)、전화하다(電話する)、빌려주다 (貸す)…」などの動詞や、「친절하다(親切だ)…」などの形容詞とともによく使われる。

> ＊授与関係を意味する日本語動詞「あげる」と「くれる」の区別は主語や間接目的語の人称によって異なる。「あげる」は主語が1人称側、間接目的語が2・3人称側の場合、「くれる」は主語が2・3人称側、間接目的語が1人称側の場合である。
>
> 例) 私は友達にプレゼントをあげました。
>
> 友達は私にプレゼントをくれました。
>
> しかし、韓国語の場合、人称問わず、「주다」を使う。
>
> 例) 저는 친구에게 선물을 줬습니다.　　私は友達にプレゼントをあげました。
>
> 친구는 저에게 선물을 줬습니다.　　友達は私にプレゼントをくれました。

例文

2-46

① 저는 강아지에게 물을 줬습니다.　　私は子犬に水をやりました。

② 어제는 남동생한테 메일을 보냈어요.　　昨日は弟にメールを送りました。

③ 저는 일본 사람에게 한국어를 가르쳐요.　　私は日本人に韓国語を教えます。

④ 내일 미국 친구한테 전화를 하겠습니다.　　明日アメリカの友達に電話します。

⑤ 선생님은 학생들한테 친절해요.　　先生は学生達に親切です。

表現 **2** ～에게 (서)/한테 (서)（人・動物＋から）

形 式

・名詞末のパッチム有無に関係なく: 名詞＋에게(서) / 한테(서)

例） 친구（友達）→ 친구에게(서) / 한테(서)　　학생（学生）→ 학생에게(서) / 한테(서)

・特に「한테서」は話し言葉に限られ、会話の際には「서」を省略して使われることが多い。

・「받다（もらう）、배우다（習う）、듣다（聞く）、빌리다（借りる）…」などの動詞とともによく使われる。

例 文

① 누나한테(서) 용돈을 받아요.　　　　　姉からお小遣いを貰っています。

② 저는 유학생에게(서) 한국어를 배워요.　　私は留学生から韓国語を学んでいます。

③ 어제 할머니한테(서) 전화가 왔어요.　　　昨日祖母から電話が来ました。

④ 그 이야기는 친구에게(서) 들었어요*.　　　その話は友達から聞きました。

⑤ 형한테(서) 돈을 빌렸어요.　　　　　　　兄からお金を借りました。

ㄷ変則

*語幹末のパッチムが「ㄷ」で終わる「걷다（歩く）、묻다（尋ねる）、듣다（聴く）…」は活用するとき、後ろに母音「으, 아 / 어」がつくと、「ㄷ」が「ㄹ」に変わる。これを「ㄷ変則」という。

例）

ㄷ変則	걷다（歩く）	걷습니다	걸으려고 하다	걸어요
	묻다（尋ねる）	묻습니다	물으려고 하다	물어요
	듣다（聴く）	듣습니다	들으려고 하다	들어요
規則	받다（貰う）	받습니다	받으려고 하다	받아요
	닫다（閉める）	닫습니다	닫으려고 하다	닫아요

용돈	할머니	이야기	돈
小遣い	お祖母さん	話	お金

127

(表現練習1) 正しい文になるように、適切な助詞に○をつけてみましょう。

(例) 친구 (에게서　(에게)) 선물을 줬습니다.

❶ 여동생(한테서　에) 볼펜을 빌립니다.

❷ 오빠(에게　에서) 잡지를 빌려줍니다.

❸ 유학생(에게서　한테) 일본어를 가르칩니다.

❹ 선생님(에　에게서) 한국어를 배웁니다.

❺ 누구(에게　를) 연락을 받았어요?

❻ 누구(에서　에게) 편지를 보냈어요?

(表現練習2) 例のように、提示の単語を用いて文を作ってみましょう。(ただし、必ず必要な助詞や活用形を加える)

(例) 저 / 친구 / 선물 / 하다 (私は友達にプレゼントをします。)
➡ 저는 친구한테 선물을 합니다.

❶ 누구 / 이야기 / 하다 (誰に話をしますか。)

➡ _____

❷ 어머니 / 편지 / 오다 (母から手紙が来ました。)

➡ _____

❸ 어제 / 친구 / 저 / 책 / 빌리다 (昨日、友達が私から本を借りました。)

➡ _____

❹ 형 / 저 / 영화 / 티켓 / 주다 (兄が私に映画のチケットをくれました。)

➡ _____

❺ 서클 / 선배 / 우리 / 친절하다 (サークルの先輩は私たちに親切です。)

➡ _____

연락	티켓	서클	선배
連絡	チケット	サークル	先輩

会話練習1 例のように会話してみましょう。

> （例）Aは誰にプレゼントするかを聞き、Bは友達にプレゼントすると答えてみましょう。
>
> A：누구한테 선물해요? （誰にプレゼントしますか。）
>
> B：친구한테 선물해요. （友達にプレゼントします。）

2-48

❶ Aは昨日誰に連絡したかを聞き、Bは兄に連絡したと答えてみましょう。

A：＿＿＿＿＿＿＿＿＿＿＿＿＿＿＿＿＿＿＿＿＿＿＿＿＿＿＿＿＿＿＿＿＿

B：＿＿＿＿＿＿＿＿＿＿＿＿＿＿＿＿＿＿＿＿＿＿＿＿＿＿＿＿＿＿＿＿＿

❷ Aはこのお菓子は誰にあげようと思っているかを聞き、Bは彼氏（彼女）にあげようと思っていると答えてみましょう。

A：＿＿＿＿＿＿＿＿＿＿＿＿＿＿＿＿＿＿＿＿＿＿＿＿＿＿＿＿＿＿＿＿＿

B：＿＿＿＿＿＿＿＿＿＿＿＿＿＿＿＿＿＿＿＿＿＿＿＿＿＿＿＿＿＿＿＿＿

❸ Aは韓国料理を誰に教えたかを聞き、Bは中国人の留学生に教えたと答えてみましょう。

A：＿＿＿＿＿＿＿＿＿＿＿＿＿＿＿＿＿＿＿＿＿＿＿＿＿＿＿＿＿＿＿＿＿

B：＿＿＿＿＿＿＿＿＿＿＿＿＿＿＿＿＿＿＿＿＿＿＿＿＿＿＿＿＿＿＿＿＿

❹ Aは普段誰によく電話するかを聞き、Bは実際のことを言ってみましょう。

A：＿＿＿＿＿＿＿＿＿＿＿＿＿＿＿＿＿＿＿＿＿＿＿＿＿＿＿＿＿＿＿＿＿

B：＿＿＿＿＿＿＿＿＿＿＿＿＿＿＿＿＿＿＿＿＿＿＿＿＿＿＿＿＿＿＿＿＿

선물하다	과자
プレゼントする	お菓子

会話練習2 例のように会話してみましょう。

（例）Aは誰からプレゼントを貰ったかを聞き、Bは友達からプレゼントを貰ったと答えてみましょう。
A : 누구한테서 선물을 받았어요? （誰からプレゼントを貰いましたか。）
B : 친구한테서 선물을 받았어요. （友達からプレゼントを貰いました。）

❶ Aは誰から連絡が来たかを聞き、Bは後輩から連絡が来たと答えてみましょう。

A : _____

B : _____

❷ Aは日本の料理は誰から習おうと思っているかを聞き、Bは日本語の先生から習おうと思っていると答えてみましょう。

A : _____

B : _____

❸ Aは誰から誕生日カードを貰ったかを聞き、Bは外国人の友達から貰ったと答えてみましょう。

A : _____

B : _____

❹ Aは普段誰からお小遣いを貰うかを聞き、Bは実際のことを言ってみましょう。

A : _____

B : _____

후배	일본 요리	생일 카드	외국인
後輩	日本料理	誕生日カード	外国人

スピーディー&ダイナミック！

ソウルの街並

　ソウルは特に流行の移り変わりや、街の変化もとてもスピーディーです。お店がいつの間にか変わっていたり、インターネットで見つけたカフェに行ってみたらなくなっていたりということも普通にありました。街も人々もどこか躍動的でダイナミックです。私は韓国の良くも悪くもダイナミックなところがとても好きなのですが、時にはスピードや利便性、結果を求めるあまり、手段を問わない結果至上主義的な面も出てきてしまうのではないかと心配になったりもします。

　海外に目を向ける人が多い一方で、韓国国内のものがあまりにも便利で発展しているために、それだけで全て完結してしまっている部分もあるのではないかとも感じました。例えば、検索エンジンやメッセンジャーアプリ、文書作成ソフトなどは韓国のもので便利なツールが揃っていて、ほとんどの人がそれらのみを日常的に使います。慣れればとても便利なのですが、これらのツールを使い慣れていない外国人としては不便に感じる場面もありました。

　これらは一つの例に過ぎませんが、自分たちにとって便利な社会の中で全て完結しているのは日本も同じことですよね。そんな便利で居心地のいい自分の世界から一歩外に出て、外国語とその国の文化を学び、理解しようとすることはとても意味のあることです。

　このコラムでは私の個人的な経験や考えを紹介してきましたが、韓国語を学ぶ皆さんもぜひ韓国に足を運んで、自分なりのカルチャーショックをどんどん受けてください。良いとか悪いとかではなく、日本とは違うところ、好きなところとそうでないところがたくさん見えてくると思います。そして、それについて、周りの韓国人や日本人と意見を交換してみてくださいね。そうすることで、韓国に対しても日本に対してもますます理解が深まり、自分の世界が広がるはずですから。

日本語も韓国語も相手に尊敬の意を表す敬語が発達していますが、その使い方に大きな違いが見られます。まず、日本語の例を見てみましょう

例1）A：お母さん、いらっしゃいますか。
B：いいえ、母はおりません。

Aは「お母さん」「いらっしゃる」という表現を使って相手（もしくは相手側の人）に敬意を表しているのに対して、Bは「母」「おる」という表現を使ってやや自分（もしくは自分側の人）についてへりくだった表現を使うことによって相手に敬意を表しています。それに対して次の韓国語の例を見てください。

例2）A：**어머니 계십니까?**（お母さん、いらっしゃいますか。）
B：**아니요, 어머니는 안 계십니다.**（いいえ、お母さんはいらっしゃいません。）

韓国語の場合、Aは日本語と同様ですが、Bの答え方は日本語と異なっています。もしかすると日本人は「自分側の人だから敬語を使うのはおかしい」と、かなり違和感を感じるかもしれません。韓国語における敬語使用の基準は「自分側の人かどうか」ではなくて「自分より目上（年上）かどうか」です。そのため、母は身内の人でも目上（年上）の人であるため、敬語を使います。もし韓国で、例1）のBのように答えたとすれば、逆に相手に「しつけの悪い人」だと思われると思います。このような日韓における敬語の使い方の違いをよく理解した上で、第18課と第19課で韓国語の敬語について学習してみましょう。

断り

上記のような理由で、第18課や第19課での日本語訳において、場合によってはかなりの違和感を感じる場合があると思いますが、それは日本語の訳を韓国語の敬語の使い方に合わせて直訳しているからです。ご了承ください。

제**18**과　내일 시간 있으십니까?

学習目標	■ 格式体敬語
	■ 命令表現　～(으)십시오

2-50

기무라 : 여보세요, 최상민 씨 계십니까?

최상민 : 네, 접니다. 누구십니까?

기무라 : 기무라입니다. 상민 씨 내일 시간 있으십니까?

최상민 : 네, 괜찮습니다. 무슨 일이십니까?

기무라 : 사실은 제 생일입니다.

　　　　그래서 생일 파티에 초대하고 싶습니다.

최상민 : 감사합니다. 꼭 참석하겠습니다.

기무라 : 그럼 저녁 6시 30분까지 우리 집에 오십시오.

～(으)시다		여보세요	～(이)시다	계시다	괜찮다	무슨 일
お～になる、られる、～てくださる		もしもし	～でいらっしゃる	いらっしゃる	大丈夫だ	何の用
사실은	생일 파티	초대하다	감사하다	참석하다		～으십시오
実は	誕生日パーティー	招待する	感謝する	参加する、出席する		お～ください

133

表現 1 ～ (이)시 (～でいらっしゃる)

形式

- 名詞末にパッチム無: 名詞＋시　　例)**할머니**(お祖母)　→　**할머니시**
- 名詞末にパッチム有: 名詞＋이시　　例)**사장님**(社長)　→　**사장님이시**

他の表現との関連

～ㅂ니다 / 습니다形	否定形	過去形
할머니십니다 사장님이십니다	할머니가 아니십니다 사장님이 아니십니다	할머니셨습니다 사장님이셨습니다

2-51

例文

① 이분은 제 지도 교수님이십니다.

この方は私の指導教員でいらっしゃいます。

② 저분은 우리 아버지십니다.

あの方は私のお父さんでいらっしゃいます。

③ 그분은 가이드가 아니십니다.

その方はガイドさんではありません。

④ A:할아버지는 공무원이셨습니까?

お祖父さんは公務員でいらっしゃいましたか。

　 B:아니요, 의사셨습니다.

いいえ、医者でいらっしゃいました。

表現 2 平叙文の ～ (으)시 (動：お～になる／～られる　形：お～)

形式

- 語幹末にパッチム無: 語幹＋시

  例)**사다**(買う)　→　**사시**　　　　**바쁘다**(忙しい)　→　**바쁘시**

- 語幹末にパッチム有: 語幹＋으시

  例)**읽다**(読む)　→　**읽으시**　　　　**작다**(小さい)　→　**작으시**

- 語幹末にパッチム「ㄹ」:「ㄹ」を外した語幹＋시

  例)**만들다**(作る)　→　**만드시**　　　**길다**(長い)　→　**기시**

他の表現との関連

～ㅂ니다 / 습니다形	過去形
사십니다 읽으십니다 만드십니다	사셨습니다 읽으셨습니다 만드셨습니다

지도 교수님	저분	그분	가이드	할아버지
指導教員	あの方	その方	ガイド	お祖父さん

① 손님들은 어디에 앉으십니까?　　　　　　お客さん達はどこにお座りになりますか。

② 할아버지는 친구를 만나셨습니다.　　　　お祖父さんはお友達に会われました。

③ 지금 어디에 사십니까?　　　　　　　　今どこに住んでいらっしゃいますか。

④ 내일 약속이 있으십니까?　　　　　　　明日約束がお有りですか。

⑤ 오 선생님은 정말 키가 크십니다.　　　オ先生は本当に背がお高いです。

※他の尊敬表現
動詞や名詞の種類によっては上記の規則ではなく、特別な敬語の形を取る場合がある。

먹다(食べる)/마시다(飲む)	드시다	이름(名前)	성함
자다(寝る)	주무시다	나이(年)	연세
있다(いる)	계시다	집(家)	댁
있다(ある)	있으시다	말(言葉)	말씀

例　文

① 어머니는 아침에 죽을 드십니다.　　お母さんは朝お粥を召し上がります。

② 할아버지는 시골 댁에 계십니다.　　お祖父さんは田舎のお宅にいらっしゃいます。

③ 할머니는 지금 주무십니다.　　　　お祖母さんは今お休みになっています。

잔소리　助詞にも敬語がある??

日本語にはありませんが、韓国語には助詞にも敬語があります。

日本語の助詞	韓国語の助詞	助詞の敬語
〜が	〜가/이	〜께서
〜は	〜는/은	〜께서는
〜に	〜에게(한테)	〜께

例) 할아버지께서 술을 드십니다.　　　　お祖父さんがお酒を飲まれています。

사장님께서는 지금 안 계십니다.　　社長は今いらっしゃいません。

이 선물은 어머니께 드리겠습니다.　このプレゼントはお母さんに差し上げます。

손님	드시다	주무시다	있으시다	성함
お客さん	召し上がる	お休みになる	お有りだ	お名前
연세	댁	말	말씀	죽
ご年齢	お宅	言葉	お言葉	お粥

表現 3 命令文の ～ (으)십시오 (お～ください)

意味

・尊敬の命令形。

形式

・語幹末にパッチム無: 語幹＋십시오　　　例) **사 다**(買う) → **사십시오**
・語幹末にパッチム有: 語幹＋으십시오　　例) **읽다**(読む) → **읽으십시오**
・語幹末にパッチム「ㄹ」:「ㄹ」を外した語幹＋십시오　例) **만 들 다**(作る) → **만 드십시오**

2-54 **例文**

① 내일은 9시 반까지 오십시오.　　　　　　明日は 9時半までに来てください。

② 이번 주말에는 불꽃놀이가 있습니다.　　今週末は花火があります。

　유카타를 입으십시오.　　　　　　　　　浴衣を着てください。

③ 출국은 다음 달이십니다. 빨리 여권을 만드십시오.　出国は来月です。早くパスポートをお作りください。

④ 여기에 성함을 쓰십시오.　　　　　　　ここにお名前をお書きください。

잔소리 韓国語の電話表現

2-55

전화를 걸다	電話をかける
전화를 받다	電話に出る
전화가 오다	電話がくる
전화를 끊다	電話を切る
통화중입니다/이에요	話し中です
전화 바꿨습니다	お電話かわりました
잘못 거셨습니다	おかけ間違いです
이쪽에서 전화하겠습니다	折り返し電話します
자리에 안 계십니다	席を外しております
안녕히 계세요	失礼します(切るときの挨拶)

불꽃놀이	유카타	출국	빨리	여기
花火	浴衣	出国	早く	ここ

韓 国 の 食 べ 物

김치찌개　キムチチゲ

된장찌개　味噌（テンジャン）チゲ

삼계탕　サムゲタン（参鶏湯）

갈비　カルビ

돼지갈비　豚カルビ

닭갈비　タッカルビ

삼겹살　サムギョプサル
（豚のバラ肉）

불고기　プルコギ

냉면　冷麺

라면　ラーメン

잡채　チャプチェ

김밥　韓国式海苔巻き

비빔밥　ビビンバ

떡볶이　トッポッキ

자장면　ジャージャー麺

짬뽕　チャンポン

탕수육　韓国風酢豚

피자　ピザ

햄버거　ハンバーガー

스파게티　スパゲッティ

表現練習1 次の名詞の敬語表現を書いてみましょう。

	〜(이)십니다	〜(이)셨습니다
사 장 님 (社長)	사장님이십니다	사장님이셨습니다
의 사 (医者)		
선 생 님 (先生)		
가 이 드 (ガイド)		
친 구 분 (友達)		
교 사 (教師)		
과 장 님 (課長)		
담 당 자 (担当者)		
간 호 사 (看護師)		
선 배 (先輩)		

表現練習2 次の動詞の敬語表現を書いてみましょう。

	〜(으)십니다	〜(으)십시오
읽 다 (読む)	읽으십니다	읽으십시오
사 다 (買う)		
만 들 다 (作る)		
받 다 (受ける)		
마 시 다 (飲む)		
주 다 (与える)		
찾 다 (探す)		
기 다 리 다 (待つ)		
있 다 (居る)		
보 다 (見る)		
자 다 (寝る)		
먹 다 (食べる)		
입 다 (着る)		

会話練習1 第3者に関する話題を、例のように敬語を使って会話してみましょう。

(例) Aはこの方は誰かを聞き、Bは店長でいらっしゃると答えてみましょう。
　　A：이분은 누구십니까? （この方は誰ですか。）
　　B：이분은 점장님이십니다. （この方は店長でいらっしゃいます。）

❶ Aはあの方は誰でいらっしゃるかを聞き、Bは韓国の担当者でいらっしゃると答えてみましょう。

A：＿＿＿＿＿＿＿＿＿＿＿＿＿＿＿＿＿＿＿＿＿＿＿＿＿＿＿＿＿＿＿＿＿＿

B：＿＿＿＿＿＿＿＿＿＿＿＿＿＿＿＿＿＿＿＿＿＿＿＿＿＿＿＿＿＿＿＿＿＿

❷ Aは誰が先生でいらっしゃるかを聞き、Bは鈴木さんでいらっしゃると答えてみましょう。

A：＿＿＿＿＿＿＿＿＿＿＿＿＿＿＿＿＿＿＿＿＿＿＿＿＿＿＿＿＿＿＿＿＿＿

B：＿＿＿＿＿＿＿＿＿＿＿＿＿＿＿＿＿＿＿＿＿＿＿＿＿＿＿＿＿＿＿＿＿＿

❸ Aはお祖父さんは今何をなさっているかを聞き、Bはお祖父さんはテレビを見ていらっしゃると答えてみましょう。

A：＿＿＿＿＿＿＿＿＿＿＿＿＿＿＿＿＿＿＿＿＿＿＿＿＿＿＿＿＿＿＿＿＿＿

B：＿＿＿＿＿＿＿＿＿＿＿＿＿＿＿＿＿＿＿＿＿＿＿＿＿＿＿＿＿＿＿＿＿＿

❹ Aはお母さんはどこに行かれたかを聞き、Bはお母さんは病院に行かれたと答えてみましょう。

A：＿＿＿＿＿＿＿＿＿＿＿＿＿＿＿＿＿＿＿＿＿＿＿＿＿＿＿＿＿＿＿＿＿＿

B：＿＿＿＿＿＿＿＿＿＿＿＿＿＿＿＿＿＿＿＿＿＿＿＿＿＿＿＿＿＿＿＿＿＿

점장님
店長

会話練習2 例のように敬語を使って会話してみましょう。

（例）Aは最近どんな本を読まれているかを聞き、Bは実際のことを言ってみましょう。

A：요즘 어떤 책을 읽으십니까?　（最近どんな本を読まれていますか。）

B：요즘 수필을 읽습니다.　（最近エッセイを読んでいます。）

❶ Aは誕生日はいつでいらっしゃるかを聞き、Bは実際のことを言ってみましょう。

A：＿＿＿＿＿＿＿＿＿＿＿＿＿＿＿＿＿＿＿＿＿＿＿＿＿＿＿＿＿＿

B：＿＿＿＿＿＿＿＿＿＿＿＿＿＿＿＿＿＿＿＿＿＿＿＿＿＿＿＿＿＿

❷ Aは普段週末はどんな運動をなさるかを聞き、Bは実際のことを言ってみましょう。

A：＿＿＿＿＿＿＿＿＿＿＿＿＿＿＿＿＿＿＿＿＿＿＿＿＿＿＿＿＿＿

B：＿＿＿＿＿＿＿＿＿＿＿＿＿＿＿＿＿＿＿＿＿＿＿＿＿＿＿＿＿＿

❸ Aはどこに住まれているかを聞き、Bは実際のことを言ってみましょう。

A：＿＿＿＿＿＿＿＿＿＿＿＿＿＿＿＿＿＿＿＿＿＿＿＿＿＿＿＿＿＿

B：＿＿＿＿＿＿＿＿＿＿＿＿＿＿＿＿＿＿＿＿＿＿＿＿＿＿＿＿＿＿

❹ Aは今日はどんな食べ物を召し上がるかを聞き、Bは実際のことを言ってみましょう。

A：＿＿＿＿＿＿＿＿＿＿＿＿＿＿＿＿＿＿＿＿＿＿＿＿＿＿＿＿＿＿

B：＿＿＿＿＿＿＿＿＿＿＿＿＿＿＿＿＿＿＿＿＿＿＿＿＿＿＿＿＿＿

수필
エッセイ

제 19 과 열이 좀 있으세요.

学 習 目 標	■ 非格式体敬語（名詞） ～ (이)세요
	■ 非格式体敬語（動詞・形容詞） ～ (으)세요

의 사 : 여기 앉으세요. 증상이 어떠세요?

기무라 : 3일 전부터 머리가 많이 아파요.

그리고 기침도 심해요.

의 사 : 자, 그럼 목을 좀 보여 주세요.

아-, 하세요.

（診察後）

열이 좀 있어요. 감기세요.

약을 일주일 분 드리겠습니다. 집에서 푹 쉬세요.

기무라 : 네, 알겠습니다. 감사합니다.

열	～ (으)세요		증상	～ (이)세요	많이
熱	お～になります、～てください		症状	～でいらっしゃいます	とても、たくさん
기침	심하다	감기	약	일주일 분	푹
咳	酷い	風邪	薬	一週間分	ぐっすり

表現 1 　〜(이)세요 (〜でいらっしゃいます)

意 味

・名詞における敬語の丁寧形であるが、「(이)십니다」(18課)よりはうちとけた印象を与える表現。

形 式

・名詞末にパッチム無：名詞＋세요　　　例) **할머니**(祖母) → **할머니세요**

・名詞末にパッチム有：名詞＋이세요　　例) **사장님**(社長) → **사장님이세요**

・疑問形は最後の語尾を上げること。書くときは「?」を付ける。

他の表現との関連

否定形	過去形
할머니가 아니세요	할머니셨어요
사장님이 아니세요	사장님이셨어요

例 文

① 저분은 우리 어머니세요.　　　　　　あの方は私のお母さんでいらっしゃいます。

② 이분은 제 선생님이세요.　　　　　　この方は私の先生でいらっしゃいます。

③ 그분은 과장님이 아니세요.　　　　　その方は課長ではありません。

④ 이 선생님은 작년에 유학생 담당자셨어요.　この先生は去年留学生の担当者でいらっしゃいました。

表現 2 　平叙文の〜(으)세요 (動：お〜になります／〜られます　形：お〜です)

意 味

・平叙文として「(으)십니다」(18課)よりはうちとけた印象を与える表現。

形 式

・語幹末にパッチム無：語幹＋세요

例) **사다**(買う) → **사세요**　　　　**바쁘다**(忙しい) → **바쁘세요**

・語幹末にパッチム有：語幹＋으세요

例) **읽다**(読む) → **읽으세요**　　　**작다**(小さい) → **작으세요**

・語幹末にパッチム「ㄹ」：「ㄹ」を外した語幹＋세요

例) **만들다**(作る) → **만드세요**　　**길다**(長い) → **기세요**

・疑問形は最後の語尾を上げること。

過去形	否定形
사셨어요	안 사세요/사지 않으세요
읽으셨어요	안 읽으세요/읽지 않으세요
만드셨어요	안 만드세요/만들지 않으세요

例 文　2-60

① 요즘 무슨 책을 읽으세요?　　　　　この頃何の本を読んでいらっしゃいますか。

② 할머니는 지금 요리를 하세요.　　　お祖母さんは今料理をしていらっしゃいます。

③ 지금 어디에 사세요?　　　　　　　今どこに住んでいらっしゃいますか。

④ 이번 주말에 아르바이트가 있으세요?　今週末にアルバイトがお有りですか。

⑤ 어머니는 어제 전화하셨어요.　　　お母さんは昨日電話なさいました。

表現 3　命令文の 〜 (으)세요 (〜てください)

意 味

・「〜(으)십시오」(18課)よりうちとけた印象を与える命令表現。

・平叙文かそれとも命令文かという区別はイントネーションや文脈による。

形 式

・ 表現2 と同じ。

例 文　2-61

① 29페이지를 읽으세요.　　　　　　29ページを読んでください。

② 내일까지 숙제를 제출하세요.　　　明日までに宿題を提出してください。

③ 은행에서 통장을 만드세요.　　　　銀行で通帳を作ってください。

④ 여기에 이름을 쓰세요.　　　　　　ここに名前を書いてください。

⑤ 많이 드세요.　　　　　　　　　　たくさん召し上がってください。

제출하다	통장
提出する	通帳

表現練習1 次の動詞を「〜(으)세요」形に活用してみましょう。

	〜(으)세요形
읽 다 (読む)	읽으세요
보 다 (見る)	
입 다 (着る)	
사 다 (買う)	
놀 다 (遊ぶ)	
배 우 다 (学ぶ)	
찾 다 (探す)	
앉 다 (座る)	
만 나 다 (会う)	
받 다 (受ける)	
기 다 리 다 (待つ)	

表現練習2 例のように、質問に対して絵を見ながら答えてみましょう。

(例)　母　A : 이분은 누구세요?　(この方は誰ですか。)
　　　　　B : 이분은 어머니세요.　(この方はお母さんです。)

❶　父　A : 저분은 누구세요?
　　　　B : _____

❷　医者　A : 그분은 누구세요?
　　　　　B : _____

❸　歌手　A : 그분 직업이 뭐예요?
　　　　　B : _____

❹　経済学　A : 지도 교수님의 전공은 뭐세요?
　　　　　　B : _____

❺　ソウル　A : 아버지의 고향은 어디세요?
　　　　　　B : _____

직업
職業

会話練習1 例のように、平叙文の「～(으)세요」形を使って会話してみましょう。

> （例） Aはお母さんは今何をなさっているかを聞き、Bは料理をなさっていると答えてみましょう。
>
> A：어머니는 지금 뭐 하세요?　（お母さんは今何をなさっていますか。）
>
> B：어머니는 지금 요리를 하세요.　（お母さんは今料理をなさっています。）

❶ Aはあの先生は何を教えていらっしゃるかを聞き、Bは英語を教えていらっしゃると答えてみましょう。

A：_____

B：_____

❷ Aはお祖母さんは何を読んでいらっしゃるかを聞き、Bは小説を読んでいらっしゃると答えてみましょう。

A：_____

B：_____

❸ Aは田中さんは今度の韓国料理大会では何をお作りになるかを聞き、Bはチャプチェをお作りになると答えてみましょう。

A：_____

B：_____

❹ Aは最近の週末は何をなさっているかを聞き、Bは実際のことを言ってみましょう。

A：_____

B：_____

대회
大会

145

会話練習2 例のように、命令文の「〜(으)세요」形を使って会話してみましょう。

2-63

(例) Aはこの薬はいつ飲むかを聞き、Bは朝飲むように答えてみましょう。

A：**이 약은 언제 먹어요?** （この薬はいつ飲みますか。）

B：**아침에 드세요.** （朝召し上がってください。）

❶ Aは宿題はいつ提出するかを聞き、Bは来週の月曜日までに提出するように答えてみましょう。

A：＿＿＿＿＿＿＿＿＿＿＿＿＿＿＿＿＿＿＿＿＿＿＿＿

B：＿＿＿＿＿＿＿＿＿＿＿＿＿＿＿＿＿＿＿＿＿＿＿＿

❷ Aはeメールはいつ送るかを聞き、Bは明日の朝送るように答えてみましょう。

A：＿＿＿＿＿＿＿＿＿＿＿＿＿＿＿＿＿＿＿＿＿＿＿＿

B：＿＿＿＿＿＿＿＿＿＿＿＿＿＿＿＿＿＿＿＿＿＿＿＿

❸ Aは何ページを読むかを聞き、Bは11ページから13ページまで読むように答えてみましょう。

A：＿＿＿＿＿＿＿＿＿＿＿＿＿＿＿＿＿＿＿＿＿＿＿＿

B：＿＿＿＿＿＿＿＿＿＿＿＿＿＿＿＿＿＿＿＿＿＿＿＿

❹ Aは(ホテルで)朝ご飯はどこで食べるかを聞き、Bは1階のレストランに行くように答えてみましょう。

A：＿＿＿＿＿＿＿＿＿＿＿＿＿＿＿＿＿＿＿＿＿＿＿＿

B：＿＿＿＿＿＿＿＿＿＿＿＿＿＿＿＿＿＿＿＿＿＿＿＿

～층
～階

제**20**과

이번 주말에 같이 놀러 갈까요?

学 習 目 標	■ 意向を尋ねる表現　～（으）ㄹ까요？ ■ 勧誘表現　～（으）ㅂ시다

최상민 : 기무라 씨, 이번 주말에 같이 놀러 갈까요?

기무라 : 네, 좋아요! 어디가 좋을까요?

최상민 : 부산은 어떠세요? 바다 경치가 아주 멋있어요.

　　　　특히 해운대 해수욕장이 유명해요.

　　　　그리고 자갈치 시장의 생선회도 맛있어요.

기무라 : 그럼, 부산에 갑시다.

　　　　부산까지 뭘 타고 갈까요?

최상민 : KTX(케이티엑스)를 타고 갑시다.

～(으)ㄹ까요?	경치	멋있다	특히	해운대
～ましょうか	景色	素敵だ, 格好いい	特に	海雲台
해수욕장	자갈치 시장	생선회	～(으)ㅂ시다	케이티엑스
海水浴場	チャガルチ市場	刺身	～ましょう	KTX(韓国高速鉄道)

表現 1 ～(으)ㄹ까요？(～ましょうか)

意味

・ある行動について聞き手の意向や意見を尋ねる表現。

形式

・語幹末にパッチム無: 語幹＋ㄹ까요?

例）**보다**(見る) → **볼까요?**

・語幹末にパッチム有: 語幹＋을까요?

例）**먹다**(食べる) → **먹을까요?**

・語幹末にパッチム「ㄹ」: 語幹＋까요?

例）**열다**(開ける) → **열까요?**

2-65

例文

① 극장에서 같이 영화를 볼까요?   映画館で一緒に映画を見ましょうか。

② 같이 저녁을 먹을까요?   一緒に夕飯を食べましょうか。

③ 이번 여름에 같이 어디에 갈까요?   今度の夏に一緒にどこに行きましょうか。

④ 날씨가 아주 더워요. 창문을 열까요?   とても暑いです。窓を開けましょうか。

⑤ 여동생 생일 선물은 뭐가 좋을까요?   妹の誕生日プレゼントは何が良いでしょうか。

表現 2 ～(으)ㅂ시다 (～ましょう)

意味

・話し手がある行動を一緒に行おうと聞き手を誘う表現。

形式

・語幹末にパッチム無: 語幹＋ㅂ시다

例）**보다**(見る) → **봅시다**

・語幹末にパッチム有: 語幹＋읍시다

例）**먹다**(食べる) → **먹읍시다**

여름	창문
夏	窓

・語幹末にパッチム「ㄹ」: ㄹを外した語幹＋ㅂ시다

例)**열다**(開ける)　→　**엽시다**

2-66

例　文

① 공원에 같이 갑시다.　　　　　　　　公園に一緒に行きましょう。

② 오늘은 삼계탕을 먹읍시다.　　　　　今日はサムゲタンを食べましょう。

③ 집에서 케이크를 만듭시다.　　　　　家でケーキを作りましょう。

④ A:누구하고 같이 여행을 갈까요?　　誰と一緒に旅行に行きましょうか。

　 B:동아리 친구들하고 갑시다.　　　　サークルの友達と一緒に行きましょう。

⑤ A:도서관에서 같이 공부할까요?　　図書館で一緒に勉強しましょうか。

　 B:네, 공부합시다.　　　　　　　　　はい、勉強しましょう。

注　意

・(1)話し手と共に行う行動への意見を求めるか（ 表現1 の例文①②③）、それとも(2)話し手だけの行動に対する聞き手の意見を求めるか（ 表現1 の例文④⑤）によって、聞き手の答え方はそれぞれ異なる。(1)の場合は質問に「一緒に」という意味の「같이」「함께」がよく使われ、聞き手は 表現2 で学ぶ「～(으)ㅂ시다」形を使って答えることが多い。(2)の場合は第18課や第19課の 表現3 で学習した「～(으)십시오」形や「～(으)세요」形を使って答えることが多い。

2-67

例)① A:극장에서 같이 영화를 볼까요?　　映画館で一緒に映画を見ましょうか。

　　 B:네, 봅시다.　　　　　　　　　　　はい、見ましょう。

　 ② A:같이 저녁을 먹을까요?　　　　　　一緒に夕飯を食べましょうか。

　　 B:네, 같이 먹읍시다.　　　　　　　　はい、一緒に食べましょう。

　 ③ A:이번 여름에 같이 어디에 갈까요?　今度の夏に一緒にどこに行きましょうか。

　　 B:하와이에 갑시다.　　　　　　　　　ハワイに行きましょう。

　 ④ A:날씨가 아주 더워요. 창문을 열까요?　とても暑いです。窓を開けましょうか。

　　 B:네, 여십시오.　　　　　　　　　　　はい、開けてください。

　 ⑤ A:여동생 생일 선물은 뭐가 좋을까요?　妹の誕生日プレゼントは何が良いでしょうか。

　　 B:인형을 선물하세요.　　　　　　　　　人形をプレゼントしてください。

케이크	동아리	하와이	인형
ケーキ	サークル	ハワイ	人形

表現練習1 次の動詞を「〜(으)ㄹ까요?」形と「〜(으)ㅂ시다」形に活用してみましょう。

	〜(으)ㄹ까요?	〜(으)ㅂ시다
먹 다 (食べる)	먹을까요?	먹읍시다
받 다 (受ける)		
기 다 리 다 (待つ)		
보 내 다 (送る)		
찍 다 (撮る)		
일 어 나 다 (起きる)		
말 하 다 (言う)		
놀 다 (遊ぶ)		
찾 다 (探す)		
걸 다 (かける)		
닫 다 (閉める)		
자 다 (寝る)		

表現練習2 絵を見ながら、「〜(으)ㄹ까요?」形と「〜(으)ㅂ시다」形を使って例のように会話文を作ってみましょう。

(例) 本を読む
A : 같이 책을 읽을까요?（一緒に本を読みましょうか。）
B : 네, 읽읍시다.（はい、読みましょう。）

❶ 一杯やる
A : _____
B : _____

❷ 写真を撮る
A : _____
B : _____

❸ 韓国語の勉強をする
A : _____
B : _____

❹ 運動をする
A : _____
B : _____

❺ 歌を歌う
A : _____
B : _____

한잔하다
一杯やる

例のように、「~(으)ㄹ까요?」形と「~(으)ㅂ시다」形を使って会話してみましょう。

(例) Aはデパートの前で会おうかと誘い、Bはデパートの前で会おうと答えてみましょう。

A：백화점 앞에서 만날까요?　(デパートの前で会いましょうか。)

B：네, 백화점 앞에서 만납시다.　(はい、デパートの前で会いましょう。)

❶ Aは一緒にカレーを作ろうかと聞き、Bは作ろうと答えてみましょう。

A：_____

B：_____

❷ Aは明日、一緒に何を着ようかと聞き、Bは韓服を着ようと答えてみましょう。

A：_____

B：_____

❸ Aは今日、一緒にどこに行こうかと聞き、Bは演劇を見に行こうと答えてみましょう。

A：_____

B：_____

❹ Aは今週末、一緒にどこで遊ぶかと聞き、Bは実際のことを言ってみましょう。

A：_____

B：_____

연극
演劇

会話練習2 例のように、「〜(으)ㄹ까요?」形と「〜(으)세요」形を使って会話してみましょう。

(例) 暑い中、Aはドアを開けようかと聞き、Bは開けるように答えてみましょう。

A：날씨가 더워요. 문을 열까요? （暑いです。ドアを開けましょうか。）

B：네, 문을 여세요. （はい、開けてください。）

❶ 寒い中、Aは窓を閉めようかと聞き、Bは閉めるように答えてみましょう。

A：＿＿＿＿＿＿＿＿＿＿＿＿＿＿＿＿＿＿＿＿＿＿＿＿＿＿＿

B：＿＿＿＿＿＿＿＿＿＿＿＿＿＿＿＿＿＿＿＿＿＿＿＿＿＿＿

❷ Aは服が綺麗だと言い、この服を買おうかと聞き、Bは買うように答えてみましょう。

A：＿＿＿＿＿＿＿＿＿＿＿＿＿＿＿＿＿＿＿＿＿＿＿＿＿＿＿

B：＿＿＿＿＿＿＿＿＿＿＿＿＿＿＿＿＿＿＿＿＿＿＿＿＿＿＿

❸ Aは明日何時に相手(B)の家に行こうかと聞き、Bは午後一時頃に来るように答えてみましょう。

A：＿＿＿＿＿＿＿＿＿＿＿＿＿＿＿＿＿＿＿＿＿＿＿＿＿＿＿

B：＿＿＿＿＿＿＿＿＿＿＿＿＿＿＿＿＿＿＿＿＿＿＿＿＿＿＿

❹ Aは自分の母へのプレゼントは何がよいだろうかと聞き、Bは実際に思っていることをアドバイスしてみましょう。

A：＿＿＿＿＿＿＿＿＿＿＿＿＿＿＿＿＿＿＿＿＿＿＿＿＿＿＿

B：＿＿＿＿＿＿＿＿＿＿＿＿＿＿＿＿＿＿＿＿＿＿＿＿＿＿＿

〜경
〜頃

付　録

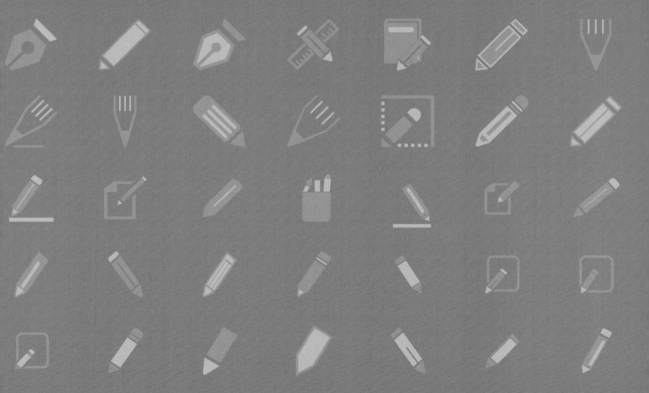

本文の訳

第1課　私は山本弘です。

山本　　　：こんにちは。私は山本弘です。
　　　　　　日本人です。

イ・サラン：こんにちは。私の名前はイ・サランです。
　　　　　　お会いできて嬉しいです。

山本　　　：イ・サランさんは会社員ですか。

イ・サラン：いいえ。大学生です。

第2課　誰が韓国語の先生ですか。

山本：誰が韓国語の先生ですか。

先生：私が韓国語の先生です。
　　　　あなた（学生）は中国人ですか。

山本：いいえ、私は中国人ではありません。
　　　日本人です。

第3課　それは何ですか。

山本　　　：イ・サランさん、それは何ですか。

イ・サラン：これは韓国語の本です。

山本　　　：教科書ですか。

イ・サラン：いいえ、この本は教科書ではありません。小説（の本）です

山本　　　：イ・サランさんのですか。

イ・サラン：いいえ、友達のです。

第4課　今日何をしますか。

イ・ミニョン：鈴木さん、今日何をしますか。

鈴木　　　　：韓国語の勉強をします。

イ・ミニョン：では、明日は何をしますか。

鈴木　　　　：約束があります。友達に会います。
　　　　　　　ミニョンさんは明日何をしますか。

イ・ミニョン：私は映画を見ます。

第5課　この近くに病院はありますか。

鈴木　　　　　：ミニョンさん、この近くに病院はありますか。

イ・ミニョン：はい、地下鉄駅の前にあります。

鈴木　　　　　：あ、そうですか。

　　　　　　　　では、病院の隣に薬局もありますか。

イ・ミニョン：いいえ、薬局はそこにありません。バス停の右側にあります。

第6課　私は朝ご飯を食べません。

イ・ミニョン：鈴木さんは朝ご飯を食べますか。

鈴木　　　　　：はい、私は普段パンを食べます。

　　　　　　　　ミニョンさんはどうですか。

イ・ミニョン：私は朝ご飯を食べません。

鈴木　　　　　：なぜ食べませんか。

イ・ミニョン：最近ダイエットをしています。

　　　　　　　　週末には体育館で運動もしています。

第7課　誕生日は何月何日ですか。

田中　　：ユミさん、誕生日は何月何日ですか。

イ・ユミ：私の誕生日は四月二十九日です。

　　　　　　今週の土曜日です。

田中　　：誕生日の日は何をしますか。

イ・ユミ：家の近くのデパートでショッピングをします。

　　　　　　それから夕方には友達に会います。

　　　　　　お酒も飲みます。

第8課　韓国語は易しいですか。

イ・ユミ：最近夕方に語学スクールで日本語を勉強しています。

　　　　　　とても難しいです。田中さん、韓国語は易しいですか。

田中　　：韓国語もそんなに易しくありません。

　　　　　　発音が難しいです。

イ・ユミ：ところで学校の生活はどうですか。

田中　　：学校の生活は楽しいです。

　　　　　　しかし学校が家からとても遠いです。

155

第9課 **今日の昼ご飯はどこで食べますか。**

キム・ジス：鈴木さん、今日の昼ご飯はどこで食べますか。

鈴木　　　：韓国料理（←韓食）はどうですか。

　　　　　　この近くに韓国料理屋（←韓食堂）が多いです。

　　　　　　うちの会社のすぐそばにもあります。

キム・ジス：その食堂は何の料理がおいしいですか。

鈴木　　　：ビビンバがとてもおいしいです。しかし、少し辛いです。

第10課 **私は明日とても忙しいです。**

鈴木　　　：ジスさん、明日何しますか。

キム・ジス：明日は学校に行きません。それで、久しぶりに明洞で友だちに会います。

　　　　　　そして、いっしょに映画も見ます。

鈴木　　　：あ、羨ましいです。私は明日とても忙しいです。

キム・ジス：なぜ、忙しいですか。

鈴木　　　：韓国語の宿題がとても多いです。

第11課 **5つ（←5個）ください。**

鈴木　：このみかんはいくらですか。

店員　：1つ（←1個で）400ウォンです。とても甘いです。

鈴木　：あ、そうですか。それでは5つ（←5個）ください。

　　　　そして、あの梨も3つ（←3個）ください。

　　　　1つ（←1個で）いくらですか。

店員　：3,600ウォンです。少し高いです。でも、おいしいです。

第12課 **夏休みには何をしましたか。**

パク・チョルス：夏休みには何をしましたか。

三浦　　　　　：友達と一緒に韓国に旅行に行きました。

パク・チョルス：韓国の食べ物は何がおいしかったですか。

三浦　　　　　：参鶏湯とスンドゥブチゲがおいしかったです。スンドゥブチゲは少し辛かったです。

パク・チョルス：景福宮には行きましたか。

三浦　　　　　：いいえ。景福宮には行きませんでした。ロッテワールドに行きました。

第13課　最近、いかがお過ごしですか。

パク・チョルス：最近、いかがお過ごしですか。

三浦　　　　　：伝統文化の授業でサムルノリを学んでいます。

パク・チョルス：そうですか。サムルノリは面白いですか。

三浦　　　　　：はい。とても面白いです。でも、少し大変です。

　　　　　　　　チョルスさんは最近何をしていますか。

パク・チョルス：週末に日本語の語学スクールに通っています。日本で勉強したいです。

第14課　午後1時20分までです。

パク・チョルス：今日の料理の授業は何時に始まりますか。

三浦　　　　　：午前11時20分から始まります。

パク・チョルス：それでは、いつ終わりますか。

三浦　　　　　：午後1時20分までです。2時間です。

パク・チョルス：授業の後には何をしますか。

三浦　　　　　：夕方6時半から10時までレストランでアルバイトをします。

第15課　学生会館の前で待ちます。

ソ・ミンジュン：前田さん、伝統音楽が好きですか。

前田　　　　　：はい、私は伽耶琴の演奏が好きです。

　　　　　　　　日本の琴と似ています。

ソ・ミンジュン：7時に学生会館の講堂で公演があります。

　　　　　　　　一緒に観ませんか。

前田　　　　　：はい、ぜひ観たいです。

ソ・ミンジュン：では、6時40分に学生会館の前で待ちます。

前田　　　　　：分かりました。ありがとうございます。

第16課　旅行に行こうと思います。

前田　　　　　：今度の週末に何か計画がありますか。

ソ・ミンジュン：東京へ旅行に行こうと思っています。

前田　　　　　：ディズニーランドへ遊びに行きますか。

ソ・ミンジュン：いいえ、浅草の浅草寺を見に行きます。

前田　　　　　：そうですか。そこは団子と煎餅も有名です。

ソ・ミンジュン：はい、それで二つとも食べてみようと思っています。

第17課　前田さんにプレゼントをあげたいです。

ソ・ミンジュン：私の誕生日に前田さんから日韓辞書をもらいました。

野村　　　　：わー、羨ましいです。前田さんは友達にプレゼントをよくあげます。

ソ・ミンジュン：私も前田さんにプレゼントをあげたいです。

野村　　　　：前田さんは文化と芸術に関心が高いです。

ソ・ミンジュン：あ、そうですか。それでは韓国の民俗人形をあげます。

第18課　明日、お時間お有りですか。

木村　　　　：もしもし。チェ・サンミンさんいらっしゃいますか。

チェ・サンミン：はい、私です。どなた様ですか。

木村　　　　：木村です。サンミンさん、明日お時間お有りですか。

チェ・サンミン：はい、大丈夫です。どのようなご用件ですか。

木村　　　　：実は私の誕生日です。

　　　　　　　それで誕生日のパーティに招待したいです。

チェ・サンミン：ありがとうございます。必ず参加します。

木村　　　　：では、夕方6時30分までに私の家に来てください。

第19課　熱が少しあります。

医者：ここにお座りください。どんな病状ですか。

木村：三日前から頭がとても痛いです。

　　　それから咳も酷いです。

医者：さあ、それでは喉をちょっと見せてください。「あ～」してください。

　　　（診察後）

　　　熱が少しあります。風邪でございます。

　　　薬を一週間分差し上げます。家でぐっすりお休みになってください。

木村：分かりました。ありがとうございます。

第20課　今度の週末、一緒に遊びに行きましょうか。

チェ･サンミン：木村さん、今度の週末、一緒に遊びに行きましょうか。

木村　　　　：はい、いいですよ。どこが良いでしょうか。

チェ･サンミン：釜山はいかがでしょうか。海の景色がとても素敵です。

　　　　　　　特に海雲台の海水浴場が有名です。

　　　　　　　それからチャガルチ市場の刺身も美味しいです。

木村　　　　：それでは釜山に行きましょう。

　　　　　　　釜山まで何に乗って行きましょうか。

チェ･サンミン：KTX に乗って行きましょう。

索引（韓国語 → 日本語）

韓国語	日本語	課	韓国語	日本語	課	韓国語	日本語	課
달다	甘い	11	말	言葉	18	~ㅂ니다 / 습니다	～ます、～ています	4
닭갈비	タッカルビ	18	말씀	お言葉	18	바다	海	12
담당자	担当者	18	말하다	言う	20	바로	すぐ	9
담배를 피우다	タバコを吸う	6	맛보다	味わう	16	바쁘다	忙しい	8
대	～台（車など機械）	11	맛없다	まずい、おいしくない	8	바지	ズボン	3
대학교	大学（校）	1	맛있다	おいしい	8	밖	外	5
대학생	大学生	1	매일	毎日	4	반	半	14
대회	大会	19	맥주	ビール	13	반갑습니다	お会いできてうれしいです	1
댁	お宅	18	맵다	辛い	9	받다	もらう、受ける、受け取る	4
덥다	暑い	8	머리	頭	7	발	足	7
~ 도	～も	5	먹다	食べる	4	발음	発音	8
도서관	図書館	1	멀다	遠い	8	밤	夜	7
도쿄	東京（地名）	6	멋없다	格好悪い	8	밥	ご飯	4
독서	読書	15	멋있다	格好いい	8	방	部屋	5
돈	お金	6	메일	メール	17	방법	方法	13
돈을 찾다	お金を下ろす	16	며칠	何日	7	배	お腹	7
동생	弟、妹（年下の兄弟）	10	면세점	免税店	15	배	梨	11
동아리	サークル	20	~ 명	～名（人数）	11	배가 고프다	お腹がすく	10
돼지	豚	12	명동	明洞（地名）	10	배우	俳優	11
돼지갈비	豚カルビ	18	몇	何（＋名詞）	7	배우다	習う、学ぶ	4
된장찌개	味噌（テンジャン）チゲ	18	몇 개	何個	11	백	百（100）	7
두 (←둘)	二つ	11	몇 대	何台	11	백만	百万	7
뒤	後ろ	5	몇 마리	何匹	11	백화점	デパート	6
드라마	ドラマ	6	몇 명	何名	11	밸런타인데이	バレンタインデー	7
드리다	差し上げる	18	몇 병	何本	11	버스	バス	4
드시다	召し上がる	18	몇 시	何時	14	~ 번	～番（番号）	7
듣다	聞く、聴く	4	몇 월	何月	7	~ 번	～回、番	11
~ 들	～たち	5	모레	明後日	4	베트남 사람	ベトナム人	1
디자인	デザイン	8	모르다	知らない、分からない	15	~ 병	～本（ビン類）	11
디즈니랜드	ディズニーランド	16	모자	帽子	1	병원	病院	5
따뜻하다	暖かい	8	목	首、喉	7	보내다	送る	4
때	とき	15	목요일	木曜日	7	보다	見る	4
떡볶이	トッポッキ	18	무겁다	重い	9	보이다	見せる	19
뜨겁다	熱い	9	무릎	膝	7	보통	普段、普通	6
			무슨	何の	7	볼펜	ボールペン	3
ㄹ			무슨 일	何の用	18	봄 방학	春休み	13
라디오	ラジオ	4	무엇	何	2	부럽다	羨ましい	10
라면	ラーメン	11	문	ドア	20	부산	釜山（地名）	14
레스토랑	レストラン	14	문법	文法	9	~ 부터	～から	14
롯데월드	ロッテワールド	12	문을 열다	オープンする、開店する	9	~ 분	～分	14
~ 를 / 을	～を	4	문제	問題	9	불고기	プルコギ	4
~ 를/을 싫어하다	～が嫌いだ	15	문화	文化	17	불꽃놀이	花火	18
~ 를/을 좋아하다	～が好きだ	15	묻다	尋ねる	17	비빔밥	ビビンバ	9
			물	水	4	비슷하다	似ている	15
ㅁ			뭐 (←무엇)	何	10	비싸다	高い（価格）	8
~ 마리	～匹（動物）	11	뭘 (←무엇을)	何を	12	빌려주다	貸す	17
마시다	飲む	4	미국	アメリカ（国名）	17	빌리다	借りる	15
마흔	40	11	미국 사람 , 미국인	アメリカ人	1	빠르다	速い	8
만	万	7	미역국	わかめスープ	5	빨리	早く	18
만나다	会う	4	민속 인형	民俗人形	17	빵	パン	4
만들다	作る	4	밑	下	5	뽑다	抜く、選ぶ	9
많다	多い	8						
많이	とても、すごく（程度）、たくさん（量）	19	**ㅂ**			**ㅅ**		
			~ㅂ니까?/습니까?	～ますか、～ていますか	4	사	4	7

161

사과	りんご	9	선생님	先生	1	식당	食堂	2
사다	買う	4	설날	お正月	7	식빵	食パン	16
사람	人	8	성함	お名前	18	식사	食事	12
사물놀이	サムルノリ(韓国の伝統音楽)	13	세수	洗顔	16	신발	靴	3
사실은	実は	18	센다이	仙台（地名）	14	심하다	酷い	19
사십	40	7	센베이	煎餅	16	십	10	7
사십사	44	14	센소지	浅草寺	16	십구	19	7
사십오	45	14	세 (←셋)	三つ	11	십구일	19日	7
사십칠	47	14	소	牛	12	십만	十万	7
사십팔	48	14	소설	小説	19	십사	14	7
사월	4月	7	소설책	小説の本	3	십사일	14日	7
사일	4日	7	속	中	5	십삼	13	7
사장님	社長	3	손	手	7	십삼일	13日	7
사전	辞書	3	손님	お客さん	18	십오	15	7
사진	写真	4	쇼핑	ショッピング	7	십오일	15日	7
사진을 찍다	写真を撮る	4	쇼핑하다	ショッピングする	16	십육	16	7
산	山	3	수박	スイカ	12	십육일	16日	7
살	歳（年齢）	11	수업	授業	12	십이	12	7
살다	住む	4	수영	水泳	10	십이월	12月	7
삼	3	7	수요일	水曜日	7	십일	11	7
삼겹살	サムギョプサル(豚の三枚肉)	18	수첩	手帳	3	십일	10日	7
삼계탕	サムゲタン（参鶏湯）	12	수프	スープ	9	십일월	11月	7
삼십	30	7	수필	エッセイ	18	십일일	11日	7
삼십삼	33	14	숙제	宿題	10	십칠	17	7
삼십오	35	14	숙제하다	宿題する	10	십칠일	17日	7
삼십일	30日	7	순두부찌개	スンドゥブ（純豆腐）チゲ	12	십팔	18	7
삼십일	31	14	술	お酒	6	십팔일	18日	7
삼십일일	31日	7	술집	居酒屋	16	싸다	安い	8
삼십칠	37	14	쉬다	休む	15	쓰다	書く	4
삼월	3月	7	쉰	50	11	~ 씨	～さん	1
삼일	3日	7	쉽다	易しい、簡単だ	8	씹다	噛む	9
새	鳥	11	슈퍼	スーパー	16			
새벽	明け方	7	스무 살	20歳	11	ㅇ		
생맥주	生ビール	11	스무 (←스물)	20	11	아	あ（感動詞）	5
생선	魚	9	스물두 (←스물둘)	22	11	아기	赤ちゃん	9
생선회	刺身	20	스물한 (←스물하나)	21	11	아뇨	いいえ	2
생일	誕生日	5	스시	寿司	15	아니요	いいえ	1
생일 선물	誕生日プレゼント	20	스파게티	スパゲッティ	18	아래	下	5
생일 카드	誕生日カード	17	스포츠	スポーツ	6	아르바이트	アルバイト	5
생일 파티	誕生日パーティー	18	슬프다	悲しい	10	아르바이트하다	アルバイトする	6
생일날	誕生日の日	7	시	時	14	아버지	お父さん	1
생활	生活	8	시각표	時刻表	14	아사쿠사	浅草（地名）	16
샤프	シャープペン	3	시간	時間	14	~ 아요 / 어요	～です / ます	15
~ 서 (←에서)	～で	9	시계	時計	2	아이	子ども	6
서랍	引き出し	5	시골	田舎	16	아주	とても	8
서른	30	11	시내	市内	8	아직	まだ	9
서울	ソウル（地名）	3	시부야	渋谷（地名）	12	아침	朝（ご飯）	6
서울대학교	ソウル大学（校）	3	시원하다	涼しい	8	아프다	痛い	10
서울역	ソウル駅	6	시월	10月	7	아홉	九つ	11
서점	本屋	6	시작하다	始まる	14	아흔	90	11
서클	サークル	17	시장	市場	6	안	中	5
선물	プレゼント	17	시청	市役所	5	안 ~	～ない（否定）	6
선물하다	プレゼントする	17	시합	試合	6	안경	眼鏡	3
선배	先輩	17	시험	試験	12	안경을 쓰다	眼鏡をかける	13

안녕하세요?	おはようございます、こんにちは、こんばんは	1	여섯	六つ	11	오십일	51	14
안녕하십니까?	おはようございます、こんにちは、こんばんは	1	여자 친구	彼女	5	오월	5月	7
안녕히 계세요	失礼します（電話を切る時）	18	여행	旅行	16	오일	5日	7
앉다	座る	9	여행을 가다	旅行に行く	12	오전	午前	7
알겠습니다	分かりました	19	역	駅	6	오후	午後	5
알다	知る、分かる	4	연극	演劇	20	올해	今年	7
앞	前	3	연락	連絡	17	옷	服	7
액션	アクション	15	연락하다	連絡する	17	와 –	わー（感動詞）	17
야마구치	山口（地名）	14	연세	ご年齢	18	~ 와 / 과	~と	12
야채	野菜	12	연예인	芸能人	15	~ 와 / 과 같이	~と一緒に	12
약	薬	19	연주	演奏	15	와인	ワイン	11
약국	薬局	5	연필	鉛筆	2	왜	なぜ、どうして	6
약속	約束	4	열	十	11	외국	外国	5
양말	靴下	6	열	熱	19	외국어	外国語	8
어깨	肩	7	열네 (←열넷)	14	11	외국인	外国人	17
어느	どの	3	열다	開ける	20	외우다	覚える、暗記する	10
어느 것	どれ	3	열다섯	15	11	왼쪽	左側	5
어느 곳	どこ	3	열두 (←열둘)	12	11	요리	料理	8
어느 쪽	どちら	3	열두 시	12時	16	요일	曜日	7
어디	どこ	2	열세 (←열셋)	13	11	요즘	この頃、最近	4
어때요?	どうですか	9	열아홉	19	11	요코하마	横浜（地名）	12
어떠세요?	いかがですか	19	열아홉 살	19歳	11	용돈	小遣い	17
어떤	どんな	3	열여덟	18	11	우리	私たち、うちの	7
어떻게	どのように、どうやって	13	열여섯	16	11	우리 집	我が家	6
어떻습니까?	どうですか	6	열일곱	17	11	우리 회사	私たちの会社、うちの会社	9
어렵다	難しい	8	열한 (←열하나)	11	11	우산	傘	12
어린이날	子どもの日	7	영	0	7	우유	牛乳	2
어머니	お母さん	1	영국	イギリス（国名）	14	우체국	郵便局	5
어제	昨日	7	영국 사람	イギリス人	2	운동	運動	4
언니	姉（女性から見て）	4	영어	英語	2	운동장	運動場	6
언제	いつ	5	영어 단어	英単語	10	운동하다	運動する	4
얼마	いくら	7	영어 사전	英語の辞書	3	운전	運転	4
얼마예요?	いくらですか	11	영화	映画	4	운전하다	運転する	6
없다	ない、いない	5	영화관	映画館	5	울다	泣く	9
엉덩이	お尻	7	옆	横、隣、傍	5	웃다	笑う	9
~ 에	~に	5	예쁘다	きれいだ	8	~ 원	~ウォン（韓国の通貨）	7
~ 에게 / 한테	~に（人・動物）	17	예순	60	11	~ 월	~月	7
~ 에게(서)/ 한테(서)	~から（人・動物）	17	예술	芸術	17	월요일	月曜日	7
~ 에는	~には	5	~ 예요 / 이에요	~です	11	위	上	5
~ 에도	~にも	9	~ 예요 / 이에요?	~ですか	11	유명하다	有名だ	16
~ 에서	~で	6	오	5	7	유월	6月	7
~ 에서	~から	8	오늘	今日	4	유카타	浴衣	18
여권	パスポート	16	오늘 아침	今朝	12	유학생	留学生	11
여기	ここ	3	오다	来る	4	육	6	7
여기서(←여기에서)	ここから	9	오랜만에	久しぶりに	10	육십	60	7
여덟	八つ	11	오른쪽	右側	5	육일	6日	7
여동생	妹	3	오빠	兄（女性から見て）	3	~ (으)ㄹ까요?	~ましょうか	20
여든	80	11	오사카	大阪（地名）	2	~ (으)러	~しに	16
여름	夏	20	오십	50	7	~ (으)려고 하다	~ようと思う、ようとする	16
여름 방학	夏休み	12	오십구	59	14	~ (으)ㅂ시다	~ましょう	20
여보세요	もしもし	18	오십사	54	14	~ (으)세요	~てください	19
			오십삼	53	14	~ (으)시다	お～になる、～られる	18
			오십오	55	14	~ (으)십시오	お～ください	18
			오십이	52	14			

索引（日本語 → 韓国語）

かかる	걸리다	14	関心	관심	17	子犬	강아지	11
～が嫌いだ	～ 를 / 을 싫어하다	15	簡単だ	쉽다	8	公園	공원	5
書く	쓰다	4	韓服 (韓国の伝統衣装)	한복	9	公演	공연	15
学生	학생	1	聴く	듣다	4	講義室	강의실	6
学生会館	학생회관	15	きっと	꼭	15	高速バス	고속버스	14
学生食堂	학생 식당	9	記念日	기념일	7	講堂	강당	15
学籍番号	학번	7	昨日	어제	7	後輩	후배	17
かけ間違う	잘못 걸다	18	キムチ	김치	1	神戸 (地名)	고베	14
かける	걸다	15	キムチチゲ	김치찌개	18	公務員	공무원	2
傘	우산	12	着物	기모노	16	コーヒー	커피	2
歌手	가수	1	牛乳	우유	2	コーヒーショップ	커피숍	6
貸す	빌려주다	17	今日	오늘	4	コーラ	콜라	13
～が好きだ	～ 를 / 을 좋아하다	15	教科書	교과서	1	ここ	여기 , 이곳	3
風邪	감기	19	教師	교사	18	午後	오후	5
家族	가족	12	教室	교실	1	ここから	여기서 (←여기에서)	9
ガソリンスタンド	주유소	6	京都 (地名)	교토	14	ここに	여기에	18
肩	어깨	7	興味	관심 , 흥미	17	九つ	아홉	11
課長	과장님	18	去年	작년	7	午前	오전	7
～月	～ 월	7	景福宮	경복궁	12	こちら	이쪽	3
学校	학교	1	着る	입다	4	小遣い	용돈	17
格好いい	멋있다	8	きれいだ	예쁘다	8	こと	것	3
格好悪い	멋없다	8	銀行	은행	2	琴	고토	15
悲しい	슬프다	10	近所	근처	5	今年	금년 , 올해	7
必ず	꼭	15	金曜日	금요일	7	言葉	말	18
彼女	여자 친구	5	空港	공항	6	子ども	아이	6
かばん	가방	2	薬	약	19	子どもの日	어린이날	7
紙	종이	11	くださる	주시다	11	ご年齢	연세	18
噛む	씹다	9	果物	과일	11	この	이	3
科目	과목	15	口	입	7	この方	이분	11
伽耶琴 (韓国の伝統楽器)	가야금	15	くつ	구두 , 신발	2	この頃	요즘	4
通う	다니다	10	靴下	양말	6	ご飯	밥	4
火曜日	화요일	7	ぐっすり	푹	19	ゴミ箱	휴지통	5
～から	～ 에서	8	首	목	7	これ	이것	3
～から	～ 부터	14	区役所	구청	16	これが	이게 (←이것이)	11
～から (人・動物)	～에게(서)/한테(서)	17	クリスマス	크리스마스	7	～頃	～ 경	20
辛い	맵다	9	来る	오다	4	今月	이번 달	7
カラオケ	노래방	16	くれる	주다	17	今週	이번 주	3
借りる	빌리다	15	車	자동차	11	今週末	이번 주말	7
カルビ	갈비	18	計画	계획	16	今度	이번	13
カレー	카레	16	経済学	경제학	15	こんな	이런	3
彼氏	남자 친구	8	芸術	예술	17	こんにちは	안녕하십니까 ?, 안녕하세요 ?	1
かわいい	귀엽다	8	携帯電話	휴대폰 , 핸드폰	1	コンビニ	편의점	4
観光	관광	16	芸能人	연예인	15	**さ**		
韓国 (国名)	한국	1	ケーキ	케이크	20	さあ、じゃ	자 -	19
韓国語	한국말 , 한국어	2	劇場	극장	6	サークル	서클 , 동아리	17
韓国人	한국 사람 , 한국인	1	今朝	오늘 아침	12	～歳 (年齢)	~ 살	11
韓国ドラマ	한국 드라마	10	景色	경치	20	最近	요즘	4
韓国料理	한식	9	消しゴム	지우개	3	財布	지갑	3
韓国料理	한국 요리	15	消す	끄다	10	探す	찾다	4
韓国料理屋	한식집	9	結婚	결혼	7	魚	생선	9
韓国旅行	한국 여행	11	月曜日	월요일	7	昨年	작년	7
看護師	간호사	11	健康だ	건강하다	10	差し上げる	드리다	18
感謝する	감사하다	18	～個 (個数)	~ 개	11			

日本語	韓国語	課	日本語	韓国語	課	日本語	韓国語	課
刺身	생선회	20	ジョギング	조깅	13	ソウル（地名）	서울	3
冊（書籍）	권	11	職業	직업	19	ソウル駅	서울역	6
サッカー	축구	6	食事	식사	12	ソウル大学（校）	서울 대학교	3
雑誌	잡지	4	食堂	식당	2	そこ	거기	3
寒い	춥다	8	食パン	식빵	16	そして	그리고	5
サムギョプサル（豚の	삼겹살	18	ショッピング	쇼핑	7	そちら	그쪽	3
三枚肉）			ショッピングする	쇼핑하다	16	外	밖	5
サムゲタン（参鶏湯）	삼계탕	12	知らない	모르다	15	その	그	3
サムルノリ（韓国の	사물놀이	13	知る	알다	4	その方	그 분	18
伝統音楽）			親切だ	친절하다	17	傍	옆	5
参加する	참석하다	18	水泳	수영	10	それ	그것	3
～さん	～ 씨	1	スイカ	수박	12	それでは	그럼（←그러면）	4
～時	～ 시	14	水曜日	수요일	7	それでは	그러면	17
試合	시합	6	スーパー	슈퍼	16	そんな	그런	3
しかし	하지만	8	スープ	수프	9	そんなに	그렇게	8
時間	시간	14	スカート	치마	3			
試験	시험	12	すぐ	바로	9	**た**		
時刻表	시각표	14	スクール（民間）	학원	8	～たい	～ 고 싶다	13
自己紹介	자기 소개	1	少ない	적다	8	大会	대회	19
仕事をする	일하다	4	少し	좀（←조금）	11	～台（車など機械）	대	11
辞書	사전	3	過ごす	지내다	13	体育館	체육관	6
下	밑 , 아래	5	寿司	스시	15	ダイエット	다이어트	6
実は	사실은	18	涼しい	시원하다	8	大学（校）	대학교	1
失礼します（電話を	안녕히 계세요	18	スパゲッティ	스파케티	18	大学生	대학생	1
切る時）			酢豚	탕수육	18	大丈夫だ	괜찮다	18
指導教員	지도 교수님	18	スポーツ	스포츠	6	大変だ	힘들다	13
自動車	자동차	11	ズボン	바지	3	食べ物	음식	9
市内	시내	8	住む	살다	4	高い（価格）	비싸다	8
～しに	～（으）러	16	する	하다	4	だから、それで、	그래서	8
渋谷（地名）	시부야	12	座る	앉다	9	そこで		
閉める	닫다	17	スンドゥブ（純豆腐）チゲ	순두부찌개	12	たくさん	많이	19
（韓国風）ジャージャー麺	자장면	16	背	키		タクシー	택시	14
シャープペン	샤프	3	背（身長）が高い	키가 크다	8	出す	내다	10
市役所	시청	5	背（身長）が低い	키가 작다	9	尋ねる	묻다	17
写真	사진	4	生活	생활	8	～たち	～ 들	5
写真を撮る	사진을 찍다	4	制服	교복	4	タッカルビ	닭갈비	18
社長	사장님	3	咳	기침	19	建てる	짓다	16
ジュース	주스	11	席を外している	자리에 안 계시다	18	楽しい	즐겁다	8
12 時	열두시	16	狭い	좁다	9	タバコを吸う	담배를 피우다	6
自由の女神	자유의 여신상	3	千（1000）	천	7	食べる	먹다	4
週末	주말	5	洗顔	세수	16	誰	누구	3
十万	십만	7	先月	지난달	7	誰が	누가	2
授業	수업	12	専攻	전공	2	団子	단고	16
宿題	숙제	10	先週	지난주	7	誕生日	생일	5
宿題をする	숙제하다	10	先週末	지난 주말	7	誕生日カード	생일 카드	17
出国	출국	18	先生	선생님	1	誕生日の日	생일날	7
出身	출신	2	浅草寺	센소지	16	誕生日パーティー	생일 파티	18
出発	출발	14	仙台（地名）	센다이	14	誕生日プレゼント	생일 선물	20
出発する	출발하다	14	先輩	선배	17	担当者	담당자	18
定規	자	3	全部	다	16	小さい	작다	8
症状	증상	19	煎餅	센베이	16	近い	가깝다	8
小説	소설	19	千万	천만	7	近く	근처	5
小説の本	소설책	3	掃除する	청소하다	6	地下鉄	지하철	4
招待する	초대하다	18	そうですか	그렇습니까?, 그래요?	5	地下鉄の駅	지하철역	5

チキン	치킨	15
チケット	티켓	17
チャガルチ市場	자갈치 시장	20
チャプチェ	잡채	15
チャンポン	짬뽕	18
中学校	중학교	15
中国語	중국어	15
中国人	중국 사람 , 중국인	1
駐車場	주차장	6
ちょうど	정각	14
チョゴリ (上着)	저고리	10
ちょっと	조금	8
通帳	통장	19
通訳	통역	2
つかむ	잡다	9
机	책상	2
作る	만들다	4
手	손	7
～で	~ 서 (←에서)	6
提出する	제출하다	19
ディズニーランド	디즈니랜드	16
～でいらっしゃる	~ (이) 시다	18
停留所	정류장	5
～ている	~ 고 있다	13
手紙	편지	10
～てください	~ (으) 세요	19
デザイン	디자인	8
～です	~ 입니다	1
～です	~ 예요 / 이에요	11
～です／ます	~ 아요 / 어요	15
～ですか	~ 입니까?	1
～ですか	~ 예요 / 이에요?	11
手帳	수첩	3
では	그럼 (←그러면)	4
では	그러면	17
デパート	백화점	6
～ではありません	~ 가 / 이 아닙니다	2
～ではありません	~ 가 / 이 아니에요	11
手袋	장갑	12
でも, しかし	그래도	11
寺	절	16
テレビ	텔레비전	3
天気	날씨	8
店長	점장님	18
伝統音楽	전통 음악	15
伝統文化	전통문화	13
電話	전화	17
電話がくる	전화가 오다	18
電話する	전화하다	4
電話に出る	전화를 받다	18
電話番号	전화번호	7
電話をかける	전화를 걸다	16
電話をかわる	전화 바꾸다	18
電話を切る	전화를 끊다	18

～と	~ 와 / 과 , ~ 하고	12
ドア	문	20
トイレ	화장실	5
東京 (地名)	도쿄	6
どうして	왜	6
どうですか	어떻습니까?	6
どうですか	어때요?	9
どうやって	어떻게	13
十 (10)	열	11
遠い	멀다	8
トースト	토스트	12
～とき	~ 때	15
読書	독서	15
特に	특히	20
時計	시계	2
どこ	어디 , 어느 곳	2
ところで	그런데	8
歳	나이	11
図書館	도서관	1
どちら	어느 쪽	3
トッポッキ	떡볶이	18
とても	너무 , 아주	8
とても	많이	19
隣	옆	5
どの	어느	3
どのように	어떻게	13
友だち	친구	2
土曜日	토요일	7
ドラマ	드라마	6
鳥	새	11
撮る	찍다	4
どれ	어느 것	3
どんな	어떤	3
～と一緒に	~ 와 / 과 같이	12

な

ない	없다	5
～ない (否定)	안 ~, ~ 지 않다	6
中	속 , 안	5
長い	길다	8
長野 (地名)	나가노	14
泣く	울다	9
名古屋 (地名)	나고야	14
梨	배	11
なぜ	왜	6
夏	여름	20
夏休み	여름 방학	12
七つ	일곱	11
何	무엇	2
何を	뭘 (←무엇을)	12
名前	이름	1
生ビール	생맥주	11
奈良 (地名)	나라	14
習う	배우다	4

何	몇	7
何月	몇 월	7
何個	몇 개	11
何時	몇 시	14
何台	몇 대	11
何日	며칠	7
何の	무슨	7
何の用	무슨 일	18
何匹	몇 마리	11
何本	몇 병	11
何名	몇 명	11
～に	~ 에	5
～に (人・動物)	~ 에게 / 한테	17
～に (敬語)	~ 께	18
新潟 (地名)	니가타	14
握る	잡다	9
～日	~ 일	7
日曜日	일요일	3
日韓辞書	일한사전	17
日記	일기	4
似ている	비슷하다	15
～には	~ 에는	5
二分の一 (1/2)	이분의 일	3
日本 (国名)	일본	5
日本語	일본어 , 일본말	2
日本人	일본 사람 , 일본인	1
日本料理	일본 요리	17
～にも	~ 에도	9
人形	인형	20
抜く	뽑다	9
猫	고양이	5
熱	열	19
寝る	자다	4
～年	~ 년	7
～の	~ 의	3
ノート	노트	2
乗っていく	타고 가다	14
喉	목	7
飲み物	음료수	11
飲む	마시다	4
海苔巻き	김밥	18
乗る	타다	4

は

～は	~ 는 / 은	1
～は (敬語)	~ 께서는	18
パーティー	파티	5
はい	네	1
～杯	잔	11
俳優	배우	11
始まる	시작하다	14
バス	버스	4
バスケットボール	농구	16
パスポート	여권	16

日本語	한국어	課
パソコン	컴퓨터	3
働く	일하다	4
発音	발음	8
鼻	코	7
話	이야기	17
話し中である	통화중이다	18
話す	이야기하다	4
花火	불꽃놀이	18
早い	이르다	8
速い	빠르다	8
早く	일찍	16
早く	빨리	18
春休み	봄 방학	13
バレンタインデー	밸런타인데이	7
ハワイ (地名)	하와이	20
歯を磨く	이를 닦다	16
半	반	14
~番	~ 번	7
パン	빵	4
ハンバーガー	햄버거	18
ビール	맥주	13
~匹 (動物)	마리	11
引き出し	서랍	5
膝	무릎	7
ピザ	피자	18
久しぶりに	오랜만에	10
左側	왼쪽	5
人	사람	8
酷い	심하다	19
一つ	하나 (←한)	11
一人で	혼자서	12
ビビンバ	비빔밥	9
百万	백만	7
病院	병원	5
昼、昼ご飯	점심	6
拾う	줍다	9
広島 (地名)	히로시마	14
服	옷	7
福岡 (地名)	후쿠오카	14
釜山 (地名)	부산	14
富士山 (山名)	후지산	3
豚	돼지	12
豚カルビ	돼지갈비	18
二つ	두 (←둘)	11
普段、普通	보통	6
葡萄	포도	12
冬	겨울	8
冬休み	겨울 방학	13
フランス人	프랑스 사람	1
プルコギ	불고기	4
故郷	고향	2
プレゼント	선물	17
プレゼントする	선물하다	17
~分	~ 분	14
文化	문화	17
文法	문법	9
平日	평일	14
海雲台 (地名)	해운대	20
ページ	페이지	14
ベッド	침대	5
ベトナム人	베트남 사람	1
部屋	방	5
勉強	공부	4
勉強する	공부하다	4
ペンケース	필통	3
帽子	모자	1
方法	방법	13
ボールペン	볼펜	3
ホテル	호텔	6
ホワイトデー	화이트데이	7
本	책	1
~本 (ビン類)	~ 병	11
本当に	정말	9
本屋	서점	6

ま

日本語	한국어	課
~枚 (紙類)	~ 장	11
毎日	매일	4
前	앞	3
~ましょう	~(으)ㅂ시다	20
~ましょうか	~(으)ㄹ까요?	20
~ます・~ています	~ㅂ니다/습니다	4
まずい	맛없다	8
~ますか・~ていますか	~ㅂ니까?/습니까?	4
まだ	아직	9
待つ	기다리다	6
~まで	~ 까지	14
窓	창문	20
学ぶ	배우다	4
万	만	7
みかん	귤	11
右側	오른쪽	5
短い	짧다	8
水	물	4
店	가게	6
見せる	보이다	19
味噌 (テンジャン) チゲ	된장찌개	18
三つ	세 (←셋)	11
耳	귀	7
明洞 (地名)	명동	10
見る	보다	4
民俗人形	민속 인형	17
難しい	어렵다	8
六つ	여섯	11
胸	가슴	7
目	눈	7
~名 (人数)	~ 명	11
メール	메일	17
眼鏡	안경	3
眼鏡をかける	안경을 쓰다	13
召し上がる	드시다	18
免税店	면세점	15
~も	~ 도	5
木曜日	목요일	7
もしもし	여보세요	18
もの	것	3
もらう	받다	4
問題	문제	9

や

日本語	한국어	課
焼く	굽다	9
約束	약속	4
野菜	야채	12
易しい	쉽다	8
安い	싸다	8
休む	쉬다	15
薬局	약국	5
八つ	여덟	11
山	산	3
山口 (地名)	야마구치	14
夕方	저녁	7
夕食	저녁 (밥)	20
郵便局	우체국	5
有名だ	유명하다	16
浴衣	유카타	18
~行き	~ 행	14
良い	좋다	8
~ようと思う、~ようとする	~(으)려고 하다	16
曜日	요일	7
よく	자주	12
よく	잘	15
横	옆	5
横になる	눕다	9
横浜 (地名)	요코하마	12
四つ	네 (←넷)	11
読む	읽다	4
夜	밤	7
喜ぶ	기뻐하다	10

ら

日本語	한국어	課
ラーメン	라면	11
来月	다음 달	7
来週	다음 주	7
来週末	다음 주말	7
来年	내년	7
ラジオ	라디오	4
留学生	유학생	11
寮	기숙사	8
料理	요리	8
旅行	여행	16

執筆者略歴

鄭 世桓(ちょん・せふぁん)
東北大学大学院国際文化研究科博士課程修了(国際文化博士)
島根県立大学、広島修道大学などで韓国語・韓国文化の授業を担当。

権 来順(くぉん・れすん)
東北大学大学院文学研究科博士課程修了(文学博士)
東北大学、東北福祉大学、東北工業大学などで韓国語の授業を担当。

金 永昊(きむ・よんほ)
金沢大学大学院人間社会環境研究科博士課程修了(文学博士)
東北学院大学で韓国語・韓国文化・日本文学の授業を担当。

呉 正培(お・じょんべ)
東北大学大学院文学研究科博士課程修了(文学博士)
宮城教育大学、東北学院大学、東北工業大学などで韓国語の授業を担当。

張 基善(ちゃん・きそん)
東北大学文学研究科博士課程修了(文学博士)
宮城教育大学、尚絅学院大学、東北学院大学などで韓国語の授業を担当。

コラム筆者略歴

加藤 慧(かとう・けい)
宮城県仙台市生まれ。東北大学工学部卒、東北大学大学院工学研究科博士課程単位取得。大学院在学中の 2013 年から 2014 年にかけて、韓国・漢陽大学校大学院東亜建築歴史研究室に交換留学。韓国語能力試験 6 級、「ハングル」能力検定試験 1 級。韓国語教員養成課程修了。宮城学院女子大学非常勤講師。

パルン韓国語　初級

検印省略	

© 2019 年 1 月 30 日　　初版発行
2021 年 8 月 30 日　　第 2 刷発行
2024 年 1 月 30 日　　第 2 版発行

著者　　　　　　　　　　　　　　　　鄭世桓
　　　　　　　　　　　　　　　　　　権来順
　　　　　　　　　　　　　　　　　　金永昊
　　　　　　　　　　　　　　　　　　呉正培
　　　　　　　　　　　　　　　　　　張基善

発行者　　　　　　　　　　　　原　雅久
発行所　　　　　　　　株式会社　朝日出版社
101-0065　東京都千代田区西神田 3-3-5
電話　03-3239-0271/72
振替口座　00140-2-46008
http://www.asahipress.com/

組版／(株)剛一　印刷／図書印刷